KB103851

독립, 하셨습니까

# 독립<sup>獨立</sup>, 하셨습니까

## 꿈을 꾸며 자기만의 길을 낸 사람들

이은 지음

생각비행

# 삶의 형용구를 찾은 사람들

사람들은 보통 '무엇이 될까'라고 묻는다. 그러나 답을 찾는 사람은 그리 많지 않다. 왜일까? 아마도 그 '무엇'은 사람의 모습을 하고 있지 않기 때문이다. 의사, 변호사, 회계사, 교수, 정규직 등등 학부모들이 선호하는 직업을 나열해놓고 그 '무엇'이 되면 어떤 삶을 살게될지 상상해보라. 드라마에서나 보여주는 판타지 외에는 특정한 삶의 모습이 그려지지 않는다. 의사가 된들, 사업가가 된들, 삶의 양상은 너무나도 다양하다. 누구는 행복하고 누구는 불행하다.

행복의 조건이 그 '무엇'이 아니라는 것을 우리는 잘 알고 있다. 직업은 삶의 일부일 뿐 삶 자체는 아니다. 우리가 정말로 해야 할 질문은 '무엇이 될까'가 아닌 '누가 될까'이다. '누가' 혹은 '어떤'이라는 질문은 주로 형용구로 나타난다. 가령 이 책에 나오는 '영화 프로듀서'라는 직업을 나타내는 명사보다 더 중요한 것은 '사막을 가로지르는'이라는 형용구다. '노무사'라는 직업을 나타내는 명사보다 주목해야 할 것은 '안전할 권리를 대변하는'이라는 형용구다.

4

어떤 삶을 살아야 할지 고민하고 있다면 직업을 나타내는 명사보다는 그 앞의 형용구에 주목해야 한다. 그때 비로소 행복의 실마리를 발견할 수 있을 것이다. 나만의 형용구를 찾게 되면 자연스럽게 그 형용구와 어울리는 명사, 즉 직업을 발견하게 된다.

이 책은 바로 그 형용구를 찾은 사람들의 이야기다. 아마도 책의 저자인 이은 씨가 다양한 형용구를 품고 사는 분이기에, 인터뷰마다 아름다운 색깔의 형용구들이 어우러져 있다. 어떤 삶을 살아야 할지, 어떤 형용구를 그려내야 할지 고민하는 분이라면 꼭 읽어봐야 할 책이다. 나 역시 책을 읽으며 꿈꿔왔던 형용구를 내 삶의 곳간에 채워놓고 있는지 돌아보는 시간을 가졌다. 삶의 의미를 찾는 모든 분에게 자신 있게 추천한다.

강도현(카페바인 운영위원장, 《골목 사장 분투기》 저자)

# 독립이라는 그 멀고도 지난한 여정

독립이 화두이지만 그것은 대체로 20~30대에 이루고 지나가면 그만인 일로 치부되곤 합니다. 누군가에겐 평생을 걸쳐 분투해야 하는 과제일 수도 있는데 말이죠. 독립을 크게 정서적인 부분과 경제적인 부분으로 나눌 수 있을 것 같습니다.

문제는 이 둘이 이뤄지는 시기가 대부분 일치하지 않는다는 데 있습니다. 자신의 미래를 위해 쉼 없이 노력하고 있음에도 어떤 의미의 독립이든 이루기 쉽지 않은 일입니다. 결국 유예되는 것은 인생의 가장 반짝여야 할 어느 시절일지 모릅니다. 자신이 진짜 원하는 행복에 다가설 기회조차 사치로 느껴지는 쓰디쓴 현실 때문입니다.

무엇을 하며 가슴이 뛰었는지, 시간 가는 줄도 모르고 몰두하던 순간을 잊고 살다가 30대 중반에 뒤늦은 사춘기가 찾아오거나, 중년의 나이가 되어 지금껏 헛살았다는 대책 없는 허무함에 사로잡히기 일쑤죠. 자녀와 가족을 위해 희생했노라 말하고 싶지만, 정작 그들은 왜 그랬느냐고 반문할 수도 있고요. 그러니 자신의 삶을 살지 못하는 것은 누구에게나 불행한 일입니다.

이를 지탱해주는 것은 건강한 몸, 그리고 자존감 아닐까요? 주관이 뚜렷하지 않아 선택의 기로에서마저 기준을 세우지 못하면, 결국 그저 '남들 사는 대로' 살아야 하는 인생이 기다리고 있을 겁니다. 적당한 곳에 취업하고, 적당히 연애하고, 조건 맞춰서 결혼하고, 너무 늦지 않게 아이를 낳고, 그 애들이 남보다 처지지 않도록 교육하고 양육하는 쳇바퀴 같은 사이클 말이지요. 문제는 한번 궤도에 들어서면 다르게 살기가 어렵다는 데 있습니다. 결혼했는데 아이를 낳지 않았다면 그 이유에 관해 귀가 따갑도록 질문을 받을 테고, 아이를 낳았다면 다들 학원에 보내고 과외를 시키는데 너는 왜 그러지 않느냐고 채근당하는 것은 또 얼마나 피곤한 일일까요?

몇 해 전 《언니들, 집을 나가다》라는 비혼 여성 에세이집을 펴낸 적이 있습니다. (책을 관심 있게 읽은 독자들의) 호의적인 반응에, 이제는 젠더(사회적 성별)를 떠나서 결혼이 하나의 선택지가 되었다는 반가움을 느낀 것도 잠시, 다른 '여전함'도 건재하더군요. 결혼 후 남편이나 시댁과의 관계에서 독립성을 유지하며 살고자 하는 친구의 글에 대한 비판을 보았습니다. 결혼이라는 '제도'로 편입했으면 자신보다 가족을 우선하고 내조하는 삶을 살아야지, 그렇게 제멋대로 살거면 대체 왜 결혼했느냐는 날 선 일갈이었어요. 제도나 궤도에 들어가지 않는 것은 가능하지만, 그 안에서 삶을 자신의 방식으로 꾸려가는 일, 그러니까 '작은 독립'은 어렵기만 합니다.

청소년 시절, 저는 참 많은 꿈을 꾸었던 것 같습니다. 누구도 제게 "넌 무엇이 되고 싶니?" 하고 진지한 질문을 하지 않았기에 도리어 더 많은 꿈을 꿀 수 있었다고 생각합니다. 시간이며 돈을 허투루 쓰는 것을 경계하면서도, 대부분의 시간을 독서나 나른한 몽상에 빠져 지내던 소녀 시절이 지금 제 삶의 동력이 되었다는 사실에 문득 놀랄 때가 있습니다. 초등학교와 10대 시절에 제가 좋아하고 잘하던 일들을 여전히 즐기고, 그것들이 성취의 기반을 이루고 있다는 사실을 깨달은 순간, 인생에 어느 것 하나 '그냥' 벌어지는 일은 없다는 생각에 도달했습니다.

　잦은 이사 덕에 친구가 드물고, 관계에서 겉도는 쪽에 가까웠고, 틀어박혀 책을 보는 일이 때론 더 즐거웠어요. 주목받기보다는 조용한 범생이에 가까웠죠. 춤과 몸을 움직이는 일, 글쓰기로 소통할 때가 더 자연스럽고 편했지요. 그래선지 매스커뮤니케이션과 대중문화를 복수 전공한 뒤 춤 공연, 연극과 영화, 인터뷰와 잡지기자, 연예매체를 거쳐 프리랜서 작가로 활동하기에 이릅니다. 인권이나 사회문제에 대한 관심도 꾸준히 이어져 환경, 여성단체에서 활동하기도 했고요. 작은 연극무대 활동, 독립영화 출연 외에 다큐멘터리 스태프로 몇 작품에 손을 보태기도 했습니다. 지금은 단편영화 제작과 장편영화 스태프를 오가는 영화노동자이기도 합니다. 아직은 생계에 큰 도움이 안 되는 수준이지만요.

　어느 한곳에 머물지 못하고 끊임없이 다른 사람들과의 만남과 공동작업, 글쓰기에서 영상작업으로의 확장을 도모하다 보니 자신만의 성취를 이룬 분들과의 만남을 통해 영감이나 자극을 얻는 일이 잦았습니다. 제가 만나는 분들은 한 가지 분야나 작업에 빠져 있는 '덕후'가 많았습니다. 세상은 끊임없이 '멘토'를 자처하면서 그런 메시지로 장사를 하지만, 진실한 교류와 배움은 만남 그 자체로부터 시작된다는 사실을 경험했습니다.

이 책은 제가 만난 분들의 치열한 삶에 대한 기록이지만, 조금 더 들여다보면 관계에 대한 고찰, 무작정 좋아해 빠져듦에 대한 예찬이라 봐도 무방합니다. 더 많이 아는 어떤 사람의 이야기가 아니라 먼저 경험한 이들이 느끼고 겪은 삶에 관한 이야기로 봐주셨으면 합니다.

열정으로 자신만의 길을 내는 것은 이미 누군가 걸어간 길을 가는 것에 비해 몇 배는 힘들지만, 그만큼 매 순간이 행복한 일이겠지요. 그건 아마도 끊임없이 성장하고자 애쓰는 이들에게 주어지는 작은 선물이자 대가일 겁니다. 제가 만난 분은 모두 뚝심 있게 노력으로 하루하루 성장해온 분들이라고 생각합니다. 저 또한 이분들의 열정을 이어받아 책을 준비하는 2년이 넘는 기간을 버텨낼 수 있었어요. 앞으로 지속될 이분들의 이야기에 관심을 보여주세요. 계속될 제 작업(글과 영화)에도요.

이은 드림

# 차례

동물, 인간, 환경이
평화롭게 공존하는
세상을 꿈꾸며
# 셔터를 누르고 글을 쓰다

사진가, 《오보이》 편집장
**김현성**

복잡하게
꾸미지 않은
솔직한 사진을
좋아합니다.

동물복지와 환경을 말하는 패션지
《오보이!》가 들려주는 남다른 평화

엄밀히 말하면 자본과 산업, 그중에서도 패션 산업은 지구에 해악을 미칩니다. 사람들은 끊임없이 신소재를 개발하고 천과 가죽을 염색하며 화학 폐기물과 염료를 강과 바다로 흘려보냅니다. 갈수록 빨라지는 패션의 흐름은 하나쯤 사고 버리는 소비습관에 점점 둔감하게 만들죠. 겨울철 겉옷의 모자 둘레에 풍성한 느낌을 주기 위해 연출하는 모피fur는 대부분 살아 있는 동물을 잡아 뜯거나 가죽째 벗기는 방식으로 얻습니다. 충분한 대안이 있는데도, 멋이나 보온성을 담보하기 위해 인간은 동물을 착취하고 있지요.

최근에는 동물을 사랑하는 이들이나 동물 애호 단체를 중심으로 '동물권' 논의가 풍성해졌지만, 한편으론 반려동물을 키우는 사람만큼 동물을 유기하거나 잃어버리는 사람도 늘었습니다. 야생의 기능을 상실한 동물은 대부분 길이나 보호소에서 때 아닌 죽음을 맞이하게 되죠. 사람조차 살기 힘든 팍팍한 현실에서 동물의 희생을 피할 수 없는 일로 여길 수도 있겠지만, 가능한 한 착취와 오염과 낭비를

14

사진가·《오보이》편집장
김현성

2009년 무가지 시장에 등장한
《오보이!》 창간호

줄이는 편이 지구 생명체와 평화롭게 공존하는 길이겠지요.

2009년에 창간된 《오보이!》는 이런 상황을 상기하며 문제를 제기하는 동시에, 화보를 통해 반려동물 입양 캠페인을 펼치고, 첨단 유행보다는 오래도록 두루 활용할 수 있는 패션 아이템을 소개하는 패션&문화 잡지입니다. 동물을 사랑하여 반려하고 있는 스타들의 (일종의) 사회공헌 창구로 자리를 잡았습니다. 표지 모델로 나온 스타의 팬이 많은 경우, 무가로 배포되는 잡지를 가져다 재판매하는 일이 벌어지기도 합니다. 경쟁이 치열한 잡지 분야에서 정기구독과 광고비만으로 6년 넘게 생존할 수 있었다는 의미는 남다릅니다. 꾸준히 발간 여건을 개선해 1인 잡지에서 탈피했다는 점도 그렇고요.

## 잘나가던 패션 사진작가에게 일어난 일

1990년대는 국내 패션지가 호황을 누리던 시절[1]이었습니다. 외환위기 전이었고 사진과 패션, 모델 산업이 모두 팽창해 당대의 패션 잡지 모델[2]들은 지금까지도 배우로 활약하는 경우가 많습니다. 김현성은 그 와중에 패션사진가로 자리를 잡은 이래 근 20년째 작업을 이어온 중견 사진가입니다.

> ❝1990년대 패션 사진은 중앙대 사진학과 출신 작가들을 중심으로 흘러가다가, 저처럼 유학을 하고 한국에 돌아온 친구들이 가담하기 시작했죠. 원래 저는 조소를 전공했는데 김중만 작가를 만나 사진을 해보라는 조언을 들었어요. 그래서 유학을 다녀와

---

1    《한국의 패션 저널리즘》(손미영, 2008)에 의하면 1990년대 중후반 우리나라 잡지계에는 패션 잡지, 특히 신세대를 대상으로 하는 패션 잡지가 계속 등장했다. 외국 라이선스 패션지가 5개나 창간되었고, 그 후 창간된 국내 패션지만 해도 10여 개에 이르렀다. 지금은 거의 외국계 패션지만 남아 있다.
2    공효진, 배두나, 김민희 등이 대표적인 잡지/모델 출신 배우다.

16

'Norm&Chic'을 주제로 한 김현성의 패션화보

1997년도에 스튜디오를 차린 거죠. **99**[3]

외국계 패션지 《바자》는 그가 사진가로 활동한 첫 일터였어요. 촬영보조 경력 없이 바로 스튜디오를 차릴 수 있었고, 그만의 색깔 대로 '풍경'에 가까운 인물사진에 한동안 빠져 있기도 했답니다. 저 역시 1990년대 후반, 잡지에 빠져 공부는 뒷전이고 잡지의 내용을 거의 달달 외울 만큼 달고 살던 기억이 생생합니다(잡지에 글 쓰는 일을 꽤 오래 했으니, '덕후질'은 언젠가 써먹을 날이 오는가봅니다).

패션지의 화보는 대체로 옷을 돋보이게 하는 연출된 인물에 초점을 맞추거나 제품처럼 정지된 이미지를 찍는 것 정도로 구분할 수 있습니다. 매달 책을 찍어내는 상황이 반복되다 보니 새로운 기획 자체가 드물어지고, 일본이나 외국의 화보를 베낀 듯한 사진이 패션지에 넘쳐나면서 김현성 사진작가는 자신의 작업이 조금 재미없는 일이 되어갔다고 합니다. 의뢰가 들어오는 사진을 고민할 시간 도 없이 다람쥐 쳇바퀴 돌 듯 반복해서 찍는 일은 늘 헛헛함으로 남 았습니다. 그저 '돈을 벌기 위한' 촬영이었던 셈이지요. 얼마나 멋진 '신상'을 보유했느냐 하는 것이 중요한 시절이었습니다.

---

3    《오보이!》 44호, 〈카메라를 든 사람들—상업과 예술의 경계에서 카메라를 들고 살아남는 몇 가지 방법에 대해〉 대담 중에서 발췌.

> ❝전에는 잘난 척 하면서 제가 얼마나 멋진 사람인지를 보여주려고 노력했어요. 제 인생과 앞길만을 위해 살았어요. 상업적인 패션 사진을 찍으면서 제 감성을 팔았다는 사실을 뒤늦게 알게됐죠.❞

오래도록 패션 사진을 찍으며 해외 출장도 지겨울 만큼 다녔고, 크게 남부러울 일 없이 살았습니다. 특유의 감성이 더해진 사진과 일에 안달하지 않는 그의 시크한 태도가 도리어 차별점으로 작용했는지 일도 끊이지 않았답니다. 그럭저럭 잘나가던 어느 날, 자식처럼 키우던 개 '먹물이'의 죽음이 그의 삶을 뒤바꾸었습니다. 남보다 잘나기 위해서 살아왔다고 해도 과언이 아닌 사진가 김현성이 아니라 다른 존재와 생명을 돌보는 일에 자신을 쏟아 붓는 사람으로 살기 시작한 겁니다. 그러면서 조금씩 진짜 행복이 무엇인지 알게 되었습니다.

> ❝자식처럼 키우던 먹물이의 죽음 때문에 《오보이!》를 만들게 됐어요. 아이를 낳지는 않았지만 먹물이는 제 자식이었거든요. 저보다 일찍 죽을 거라는 걸 아니까 미리 준비를 했는데도 너무 힘들었어요. 그저 힘든 일로 지나가버리면 먹물이에게 미안할 것 같아서 의미 있는 일을 찾아 하게 된 거죠. 갑자기 성자가 된 건 아니지만, 그대로 사는 건 무의미하고 돈 벌어서 땅 사고 건물 짓

다양한 동물과 사람이 등장한 《오보이!》 표지

고 이름 알리는 일이 의미 없다는 생각이 들어서 《오보이!》를 만든 거지요. 욕심이 없어져서 옷도 안 사요. 예전 같으면 인터뷰하는 자리에 옷도 신경 쓰고 나갔을 텐데, 지금은 예의만 차리는 정도죠.**

무늬가 없는 단색 셔츠에 무채색의 팬츠, 그리고 운동화를 신는 것이 평소 그의 패션입니다. 중요한 일이 있을 때만 예전에 사둔 명품 브랜드의 구두를 꺼내어 신죠. 아이러니하게도 요즘은 유행을 타지 않고 최대한 디테일을 절제한 '놈코어Norm-Core'[4] 스타일이 유행하고 있으니, 재미있는 현상이라고 해야 할까요.

2009년 무가지 《오보이!》의 창간은 여러 모로 '사건'이었습니다. 각종 온라인 매체의 성장으로 정점을 찍었던 잡지 시장의 수익구조가 악화돼 거품이 꺼지면서 하나둘 무가지가 생겨나기 시작했습니다. 그 와중에 '동물 복지를 이야기하는 패션 매거진'이라는 다소 급진적인 메시지를 담은 《오보이!》가 등장할 수 있었던 것이죠. 창간 후 6년간 55권(1년에 10권씩 발행)을 만들면서 그간 공존할 수 없었던 것들이 조금은 자연스러워졌고, 패션 사진이 단지 소비를 촉진하기 위해 존재하는 것만은 아니라는 점을 보여줄 수 있었습니다.

---

4    '노멀normal'과 '하드코어hardcore'의 합성어로 지극히 평범한 옷이나 소품을 이용하여 자연스러운 멋을 표현하는 패션.

지난 시간 동안 《오보이!》가 지켜온 원칙들은 가죽과 모피 아이템 없이도 얼마든지 패션의 다양성을 보여줄 수 있다는 굳건한 예시가 되었습니다. 슈즈나 벨트 등 가죽제품이 아예 나오지 않는 건 아니지만요. 그는 잡지 말미에 유기동물을 스타가 안고 있는 화보를 실어 분양을 부추깁니다. 발행된 잡지의 권수가 늘어난 만큼 《오보이!》에 등장한 스타의 수도 그만큼 늘어난 셈입니다. 이제 대가 없이 여러 번 자청하는 스타도 있습니다.

> 66아무리 잘나가는 톱스타와 작업하더라도 화보촬영 때는 개나 고양이의 컨디션이 우선입니다. 고양이는 특히 예민한 동물인데다 화보가 예쁘게 나와야 혹시라도 좋은 곳으로 입양될까 싶어서죠. 99

이런 애틋한 마음으로 만들어서인지 《오보이!》는 웬만한 유가지보다 유명합니다. 스튜디오 식구들과 직접 서울 도심 곳곳을 돌아다니며 배포하기가 무섭게 동날 정도죠. 특히 크리스탈5 등 유명 아이돌이 등장하면 어김없이 '완판'입니다. 화보는 기존 패션지의 그것보다 꾸밈없고 담백해 얼마든지 따라할 수 있고, 이름난 글쟁이들이 꾸준히 기고하는 글들은 쫄깃한 매력이 있습니다.

5    그룹 에프엑스f(x)의 멤버

개는 사람에게 좋은 반려자가 되어준다. 애정을 쏟을 사람이 있으면 개도 행복하지만, 철창에 갇힌 개는 그렇지 않다.

'동물권'을 알리는 데는
톱가수 이효리의 역할이 컸다.

　　우리와 함께 살아가는 동물이란 존재를 아끼는 것은 세상에서 가
장 멋진 일입니다. 아직 '동물권'이란 단어조차 생경하게 느끼는 사
람이 많지만, 동물을 아끼고 사랑하는 일을 가치 있는 삶의 태도로
여기게끔 확산시키는 데는 분명 《오보이!》나 이효리 같은 톱스타의
영향이 존재합니다.[6]

　　❝정신없이 잡지를 만들다보니 벌써 5년이 넘었네요. 생계를 위

6　　잡지에 실린 기사와 화보는 누리집 ohboyzine.egloos.com 에 매달 업데이트 된다.

해 촬영하는 틈틈이 잡지를 만들었어요. 한 달에 20일은 계속 컴퓨터 앞에서 작업하고, 쉬는 날은 단 하루도 없어요. 매달 기획과 섭외를 하고 촬영하며 배포까지 하는 일이 힘들긴 해요. 다행히 먼저 화보를 찍겠다고 연락하는 스타도 많아요. 효리 씨도 화보 촬영으로 처음 만났고요. 기획사나 방송국도 그렇지만 요즘 연예 권력이라는 게 엄청나잖아요. '누가 입었다' 하면 완판이 될 정도로 산업 자체가 연예인에 의해서 왔다 갔다 하잖아요. 이왕이면 그런 유명세를 긍정적인 쪽으로 활용해보자 싶었죠. 잡지를 만들면서 동물복지에 관심 있는 좋은 사람을 많이 만나게 됐어요.

##  《오보이!》 그리고 《그린보이》

그에게 동물을 사랑하는 일은 지극히 당연한, 본능과도 같았어요. 버려지는 동물을 보면 그냥 지나치지 못하던 어머니 때문에 언제나 동물로 넘쳐난 집안 분위기도 큰 몫을 했을 테고요. 어릴 적 처음으로 상실의 아픔을 느끼게 했던 첫 개 '레니'. 수없는 만남과 이별을 겪었음에도 그가 유독 잊을 수 없는 반려견이라고 합니다. 그리고 결혼 후 처음으로 키운 개 '밤식이'와 '먹물이'도 그렇습니다. 10년이나 자식처럼 키우던 밤식이와 먹물이가 차례로 곁을 떠난 후 그가 느낀 공허함은 이루 말할 수 없이 컸지만, 잡지를 창간하면서 많은 것이 변했습니다. 지금은 '뭉치'와 '유부'가 그의 곁을 지킵니다. 동물을 키우는 사람이 흔히 이야기하듯, 그네들이 주는 사랑은 무조건적이고 절대적이에요. 그래서 주는 것보다 받는 것이 많다는 이야기는 틀리지 않습니다.

> 66 더는 안 키우려고 했는데 보시다시피 애(뭉치)가 잡종이라 입양이 안 되면 안락사를 당할 확률이 높아서 보호소에서 데려왔어요. 자신이 배고픈데 동물을 생각하는 사람은 없다고 봐요. 세상엔 좋은 사람도 많지만, 지구나 환경 측면에서 보면 인류는 부정적인 영향을 끼치죠. 출산율이 낮다고 하지만 세상에는 사람이 너무 많고, 그럴수록 환경과 동물엔 피해를 주니까요. 할 일이 많아요. 동물을 '같이 사는 존재'로 인식하기가 쉽지 않은데, 아이들이 자연스럽게 친구로 받아들일 수 있도록 인식을 개선하는 교육도 하고 싶어요. 하루아침에 바뀌진 않겠지만 작은 영향이라도 조금씩 일어나길 바라요. 보신탕 먹는 사람을 비난하는 식이 아니라 공장식 축산의 폐해를 알려주면서 인식이 천천히 바뀔 수 있도록 말이에요. 99

김현성 사진작가는 정확히 몇 년을 썼는지도 잊어버린 017 번호의 피처폰을 썼는데, 《오보이!》 SNS 계정 때문에 뒤늦게 스마트폰으로 바꿨습니다. 배터리가 방전돼 충전기를 꽂은 채로 꽤 오랫동나의 사소한 행동이 바꿔놓을 내일의 모습, 우리의 작은 선택이 결정할 미래의 지구. 미래는 아직 오지 않았지만 오늘은 과거의 미래이다. 오늘 우리의 모습이 과거의 작은 선택들의 결과물인 것처럼, 오늘 우리가 하는 작은 행동 하나하나가 미래의 운명을, 지구의 내일을 만들어간다. 과학기술의 발전, 인간의 이기심에 의한 결정과 선택들은 자연을 멍들게 하고 지구를 더욱더 아프게 하고 있다. 이제 사람들을 위한 거의 모든 문명의 편의와 혜택은 눈에 보이지 않는 작은 먼지가 폐에 쌓여 사람을 아프게 하는 것처럼 지구의 곳곳을 병들게 만들고 있다. 불을 밝히고 자동차를 타고 방을 따뜻하게 만들고 우리의 식욕을 채우는 거의 모든 행동들은 미래의 모습을 결정지을 작은 도화선들이다. 핵발전을 멈추고 꿀벌을 살리고 유전자 변형 작물 재배를 포기하고 천년숲을 지키는 결정을 하는 사람들의 미래를 꿈꾸기에는 아마도 인류는 너무 멀리 와버렸을지도 모르지만 우리의 작고 바른 선택들이 모여 이룰 내일의 모습을 포기하기에는 푸른 별 지구의 모습이 너무나도 아름답다.

2015년 3월호, 미래일기1 중에서

안 사용할 정도로 고장 나거나 더는 못 쓰게 되어야만 물건을 구입합니다. 싫증나면 다른 전화기로 '갈아타는' 세태에서는 대단한 실천으로 보일 정도죠.

그는 꾸준히 잡지를 내면서 많은 변화를 감지하게 되었습니다. 반응이 좋아 광고 수익과 정기구독료로 운영이 가능해졌다는 점이 가장 큰 변화입니다. 오랜 시간을 혼자 일하며 편집과 디자인까지 모두 직접 했고요. 원고와 촬영과 메이크업, 스타일링 등은 주변인의 '재능기부'에 기댈 수밖에 없었지만, 이젠 일도 나눠서 하고 청탁 시 약간의 고료를 지급할 수 있게 됐어요. 이 모든 일이 본인의 인건비를 고려하지 않고, 생활을 위한 작업을 병행하기 때문에 가능한 일이었지요. 예전 같으면 집에 틀어박혀서 책을 보거나 게임에 몰두할 시간을 온전히 《오보이!》에 들인 덕분이죠. 또한 그의 삶의 방식을 존중하며 지켜봐주는 아내 덕이기도 합니다.

66주로 동물이나 문화 관련 특집이 중심이기 때문에 틀은 빤한데 어떻게 포장하느냐가 관건이죠. 큰 틀 안에서 애초 말하고자한 것과 조금 다른 방향의 글이 오는 것도 재밌고요. 만든 지 5년이 넘으며 달라진 점을 많이 느껴요. 객관적인 수치로 확인할 수는 없지만 긍정적인 반응이 오죠. 좋아하는 스타가 나와서 우연히 책을 접했다가 동물복지 문제의 심각성을 깨달았다는 글을 받으면 참 뿌듯해요. 죽을 때까지 해야 할까 봐요. 미스코리아들은하나같이 '세계 평화'를 소원이라고 하는데, 제 소원도 같아요. (웃음) 그러려면 사람이 평화로워야 돼요.99

### 공장식 도축 줄이는 일이 최대의 관심사

그는 잡지를 만들며 틈틈이 쓴 글들에 살을 붙여 《그린 보이》란책도 냈어요. 열심히 잡지를 만들면서 이를 알리는 일에 나서다 보니 환경이나 동물복지 이슈를 알리기 위해 인터뷰나 강연도 가리지않고요. 말수가 적고 달변은 아니지만, 최선을 다해 알리려고 애쓸

니다. 2년 전부터 지금까지 가장 큰 관심사는 육식과 공장식 도축의
폐해를 줄이는 일이랍니다.

>66아직도 사람들은 지구의 미래보다는 자신의 미래와 직장, 돈
>을 더 소중하게 여깁니다. 아직도 사람들은 동물의 복지보다는
>이윤을 앞세워 무절제한 공장식 축산을 일삼고 있습니다. 아직도
>사람들은 혀끝에서 느껴지는 쾌락 때문에 과도한 육식의 유혹에
>서 벗어나지 못하고 있습니다. 아예 고기를 먹지 말자는 건 아니
>고 육식을 줄이고, 되도록 건강한 고기를 먹자는 거예요. 다국적
>기업의 대규모 축산과 도축은 환경을 파괴하고, 가난한 이들을
>더 굶주리게 해요. 때로는 동물을 좋아한다고 하면서 개한테 염
>색을 시키거나, 억지로 교배해서 컵 안에 넣는 사람들을 보면 마
>음이 아프고 화가 나요. 동물을 생명의 대상으로 보지 않아서 생
>기는 문제예요.99

그렇다고 그가 늘 입바른 이야기만 하고, 메시지가 담긴 사진만
찍는 것은 아닙니다. 오랫동안 사진가로 살아오면서 찍은 사진으
로 책과 전시를 염두에 두고 있어요. 꾸밈이 없어 건조해 보이기까
지 하는 사진은 동물보다는 덜 오래된, 그의 절친한 친구이기 때문
이지요. 누구도 보지 못한 결정적 순간을 놓칠 새라 재빨리 셔터를
누르기보다는, 누구나 볼 수 있는 피사체와 느릿느릿 호흡을 맞추는

메시지와 무관한 일상의 모습도 그의 카메라에 포착된다.

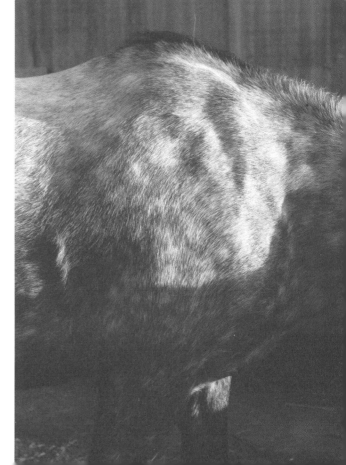

것이 그의 스타일입니다. 특별한 기술보다는 특유의 감성이 필요한 사진. 담백한 시선에 솔직함이라는 양념을 가미한 그의 작업에 어쩐지 눈이 가는 이유 아닐까요.

> ❝그냥 메시지와 무관한 일상이나 아무것도 아닌 걸 찍어요. 결정적 순간에 집착하지는 않고 기록 이상의 의미가 없는 것 같아요. 세트나 조명 등 복잡하게 꾸미지 않은 솔직한 사진을 좋아합니다.❞

자기만의 메시지나 이야기를 가질 틈조차 없어 보이는 젊은 세대를 만나면 때로 말이 많아지기도 합니다. 세상을 숫자로 환원하고, 조금이라도 덜 가지면 불행하다는 딱지를 붙이는 강박에서 벗어나면 동물도 사람도 더 행복해질 수 있다는 아쉬움 때문이 아닐까요? 가난해도 힘겹게 살아온 이들이 남을 돕는 일에 지갑을 더 잘 여는 것에서 희망을 찾기도 합니다.

> ❝누군가가 더 잘나가면 불행하다고 느끼는 마음을 바꿔야 해요. 나보다 힘겨운 존재를 알고 그들을 위해 살 수 있는 '여유'를 가질 때 행복해진다고 봐요. 실제로 힘들고 어려운 사람들이 기부도 많이 하고 마음이 더 여유로워요. 각박하게 주식이나 부동산, 자기 앞날만 생각하면서 사는 것보다는요.❞

김현성 사진작가는 남다른 이상을 품고 그것을 실현하면서 살고 있다는 점에서 분명 남다른 사람입니다. 아끼고 사랑하던 이가 죽은 후에 그 죽음을 되새기며 삶의 전환점을 찾고, 자신의 삶에서부터 변화를 일으키며, 그것으로 인해 인류가 조금 더 나은 삶을 살기 바라는 꿈은, 지금 여기서 내 삶의 자그만 태도나 습관을 하나 바꾸는 것으로도 충분히 가능하다는 사실을 그 자신의 삶을 통해 증명해 보입니다. 세상을 바꾸는 일은 힘겹고 지난하지만, 다른 삶의 태도를 견지하는 일은 훨씬 더 쉽지요. 얼핏 보기에 불가능한 일이라 해도 애정과 의지가 있다면 자신만의 타협점이나 틈새를 찾을 수 있을지 모릅니다. 얼마 못 가리라고 많은 이가 걱정하던 도전의 삶을 멋지게 지속가능한 현실로 살아내고 있는 그처럼 말입니다.

(인터뷰는 2013년이었고, 생각비행 블로그에 게재한 글을 고쳐 썼습니다.)

반려동물에 대한 잘못된 상식 뒤집기

## 임신하면 왜 개, 고양이를 버릴까

권지형, 김보경 지음 | 책공장더불어 | 2010

가정의학과 전문의와 동물 전문 출판사 대표가 함께 쓴 책. 임신이나 육아에 동물의 털이 악영향을 미친다는 괴소문(?)을 일축하고, 의학적으로 지장이 없음을 쉬운 말로 풀어 증명한다. 실제 경험을 들어 아이와 반려동물을 함께 키울 때 유의해야 할 점과 정서적 이로움을 알려주는 유용한 책이다.

길고양이를 향한 애틋한 시선

## 해방촌 고양이

황인숙 지음 | 이숲 | 2010

1984년 등단한 시인이자 몇 년째 길고양이들을 거둬 먹이고 있는 '캣맘'이 쓴 고양이 이야기. 고양이 혹은 고양이를 키우는 사람들은 흔히 예민하다고 하지만 "고양이한테도 돈을 쓰는데 사람한테 안 쓴다는 건 엄청난 가책을 받게 되는 일"이라는 저자의 말에 고개를 끄덕이게 된다. 유별하지만 야단스럽지 않은, 고양이에 대한 애정이 충만한 에세이집이다.

반려동물과 공동체를 이루는 삶

# 인간 수컷은 필요 없어

요네하라 마리 지음 | 마음산책 | 2008

특유의 분석력으로 많은 독자를 보유한 러일 동시통역사 요네하라 마리의 산문집. 평생 독신으로 산 저자가 개, 고양이와 함께한 시간을 유쾌하고 발랄하게 펼쳐낸다. 다시는 동물을 키우지 않겠다고 다짐했던 저자가 길고양이 두 마리를 입양하면서 개판 고양이판이 되어가는 자신의 삶을 담았다. 서로 다른 세 종족이 한 공동체를 이뤄가는 이야기를 통해 인간과 동물의 '조건 없는 사랑'과 '동물을 통해 인간을 되돌아보는 과정'이 잘 드러난다.

소유와 욕망에서 벗어날 때
비로소 보이는 삶의 비밀,
근거가 없더라도
희망의 끝을 놓지 마라

신부, 저술가
**차동엽**

남들 눈에
따분할 것 같은 일상이
제게 만족과 기쁨을 준다면
그게 사는 재미 아닐까요?

## 차디찬 시대에
## 희망의 불씨를 지피다

누군가는 종교를 일컬어 아편 혹은 최면제라고 하지만 다른 누군가에게는 삶의 지표 혹은 모든 것이기도 합니다. 한국은 유독 종교를 가진 사람이 많은 나라인데요, 이는 종교적인 심성의 표현일 수도 있고, 한국의 주요 종교가 외부에서 유입됐음에도 상당 부분 한국화됐기 때문일 수도 있다고 생각합니다. 어쩌면 종교란 사람들의 마음 한곳에 자리한 '기원' 그 자체, 샤머니즘이나 기복 신앙의 다른 이름일 수도 있지만요[1].

성직자가 (생물학적으로) 한 개인의 아버지일 수 없고, 가장 존경받는 아버지 자리에 교황이 있는 가톨릭의 경우, 하느님이 뜻이 아니면 이 반열에 오를 수 없다고 여겨지고, 교황은 전 세계의 신도와 박해받는 모든 이를 돌보는 위치에 있습니다.

---

1    수능 시즌에 절이나 교회를 가면 공통된 간구의 주제로 '좋은 성적'이 등장하는데, 이는 굉장히 '한국적인 모습'이다.

바쁜 일과 중에도 기도를 드린다.

지난해 프란치스코 교황의 내한에서도 보았듯, 천주교는 우리나라에서 가장 사회적으로 인정받는 종교의 위치에 있다 해도 과언이 아닙니다. 가톨릭에서는 사제학교[2]를 나와 신부 서품을 받은 사제를 교구별로 파송하기 때문에 성직자가 일정한 수로 정해져 있습니다. 공격적인 포교 활동을 하지 않아도 되는 이유죠. 그런 점에서 차동엽 신부는 조금 남다른 분입니다. 미래사목연구소를 세워 강

---

2    신부가 되려면 신학교 입학부터 대학원까지 6년 반~7년을 기숙사에서 공부하며 학업과 생활 전반에 대한 엄정한 평가를 통과해야 한다. 가톨릭에서는 남성만 사제가 될 수 있으며 남성 수도자는 수사, 여성 수도자는 수녀라고 한다.

연과 저술 등 대중과 만나는 영역에서 바삐 활동하는 사역을 하고
있기 때문이지요.

## 쓰러진 이의 손을 잡아 일으키는 일

가톨릭 신부의 삶은 '소유와 욕망으로부터 자유롭지만' 세속의 삶
과 담 쌓은 것만은 아닌 듯합니다. 제 개인적으로 친근한 이미지를
갖고 있어서일 수도 있겠으나 교회 성직자보다는 멀지만 사찰의 승
려보다는 가까운 곳에 있는 존재니까요. 종교마다 그 의미나 양상
은 다르겠지만, 일생을 귀의하는 바의 의미는 아무나 체감할 수 있
는 것이 아닙니다. 잃는 것이 있으면 물론 얻는 것도 있는 법. 남들
이 누리는 것을 모르는 대신 영적인 세계를 더 많이 누리고 살죠. 어
떤 이는 신부님은 장가도 못 가고 종교적 엄숙함 때문에 술, 담배도
마음껏 못 하니 "재밌는 일들을 하지 못해 안 됐다"고 말하지만, 그
래도 남모르는 재미가 쏠쏠하다고 차동엽 신부는 답합니다.

     ❝글 쓰는 재미에 빠지면 시간 가는 줄 모르고요. 강의할 때 몰
     입하다 보면 엔도르핀이 솟지요. 삶의 여정에서 지쳐 쓰러진 사
     람들을 손잡아 일으켜줄 때는 사람 노릇 제대로 하는 것 같은 보

람도 느껴요. 어찌 되었든 행복은 만들어지는 거니까요. 남들 눈에 따분할 것 같은 일상이 제게 만족과 기쁨을 준다면 그게 사는 재미 아닐까요?**"**

삶의 재미나 보람이란 꼭 남들이 누리는 평범한 일상으로 채워지는 것은 아닙니다. 어떤 삶을 살 것이냐 하는 선택의 기로에서 차동엽 신부는 쉽지 않은 길을 택했지만, 그조차 자신의 행복을 추구하는 의지로 한 것입니다. 삶의 근원적인 의미를 탐구하고, 그로 인해 얻은 성찰로 행복을 일깨우고자 하는 의지가 그의 삶을 추동한 것 같습니다. 주어진 하루를 즐겁게 살고, 살기 힘들어하는 사람 등을 도닥여주고, 절망에 빠진 사람들에게 희망의 말을 건네고, 길을 묻는 이에게 아는 만큼 가르쳐줍니다. 이렇게 하루하루 의미 있게 살기 때문에 행복한 것이죠.

그러려면 공부를 해서 삶을 통찰할 수 있어야 합니다. 그는 평생을 공부하고 있다고 봐도 무방할 것 같습니다. 일반적으로 신부는 대학원에 해당하는 학력의 소유자이지만, 그는 공부 욕심이 많아 흔히 얘기하는 '가방끈'이 좀 더 깁니다. 서울대학교 공과대학을 졸업하고, 오스트리아 빈대학에서 석사와 박사 과정을 수학했어요. 현재 직함은 가톨릭대학교 교수 겸 미래사목연구소 소장입니다. 또한 《무지개 원리》《희망의 귀환》《잊혀진 질문》 등의 베스트셀러 작가이기도 하며 맘에 드는 책이 있으면 번역 작업도 겸합니다.

강연, 인터뷰, 상담으로 눈코 뜰 새 없는 차동엽 신부

이쯤 되면 이 신부님, 범상한 분은 아니란 생각이 듭니다. 남들은 먹고 사느라 바빠서 크게 관심을 두기 힘든 인생의 비밀에 대한 관심으로 깊이 파고드는 일이야말로 그에게 가장 큰 과업처럼 보입니다. 그렇지만 이는 신부님이 '괴짜'여서가 아니라, 위안과 희망을 나누어주는 일이 성직자의 본분이라서가 아닐까요.

종교에 관심은 많지만 세상의 욕망을 끊지 못하고 사는 이의 한 사람으로서 저는 차 신부가 수도자로서의 소명을 언제 어떻게 받았는지가 궁금했습니다. 그다지 유복하지 않은 가정에서 기대를 한 몸에 받던 아들이 그것을 끊어내기란 쉬운 일이 아니었겠지요. 그런데 공부에 전념하느라 머리를 밀고 다니던 고등학교 2학년 겨울방학 때 특이한 일이 일어났습니다. 그를 눈여겨본 근처 주지스님이 찾아와 부모님께 아드님을 달라고 하더랍니다. 가족 모두가 성당에 다닌다는 말에, "아드님은 중생을 구제하는 인물이 될 것"이라는 '예언'을 남기고 가셨다고 해요. 신의 점지는 종교를 넘어서는 것이었을까요. 서울대학교 공과대학에 진학한 후에 그는 신병[3]을 앓듯 5년간 성직자의 길을 고뇌하며 보냈습니다.

20대 초반, 차 신부의 머리는 온통 종교와 세상에 관한 근원적인 의문으로 가득 차 있었습니다. 그러면서 자신이 아닌 어떤 다른 큰 존재에 의탁하고자 하는 사람들의 마음, '종교심'에 대해 성찰하게

---

**3**　보통은 신내림을 받은 무당에게 쓰이는 말로, 의술로 고칠 수 없으며 신내림을 받아야 낫는 병을 말함

된 것이지요. 세계적으로 신의 존재를 믿지 않는 무신론자의 수는 약 2퍼센트에 그친다고 합니다.[4] 더구나 대부분의 사람이 믿고 있는 종교들은 그 믿음의 보편타당함이 수천 년간 검증되어온 것이죠. 종교를 믿는 이유야 여러 가지겠으나 자신의 삶을 초월하는 어떤 존재에 대한 믿음은 어쩌면 자연스러운 것인지도 모르겠습니다. 사람의 마음에서 일어나는 여러 일은 눈에 보이지 않아도 삶에 큰 영향을 미치며, 외부의 사건보다는 마음 상태에 따라 천국과 지옥을 오갈 때가 많으니까요. 결국 사람은 영적인 존재인 것 같습니다. 그것을 선택하느냐 마느냐는 각자에게 달려 있지만요.

20대 중반, 차 신부는 고민에 종지부를 찍고 군복무를 마친 후 드디어 성직자의 삶으로 투신합니다. 민주화를 향한 열망으로 너나 할 것 없이 거리로 나서던 시절이었고 매일같이 명동성당이 뉴스에 등장하던 엄혹한 시절이었기에 신부가 되어 세상을 위해 할 일이 분명히 있으리라는 판단 때문이었죠.

## 근거가 있는 희망은 희망이 아니다

신 혹은 외부의 신적인 존재에 자신을 의탁하더라도 여전히 자신

---

4    차동엽, 《잊혀진 질문》, 141쪽. 미국 해외선교연구센터 '세계종교인구 및 세계선교연례통계'(2010년 기준)에서 재인용.

의 힘을 믿는 것. 어려움이나 시련이 닥쳐도 자신의 인간됨을 잃지 않아야 합니다. 그것이 어떤 '자기계발'보다도 중요한 삶의 비밀이 아닐까요? 차 신부 또한 자기계발서로 분류되는 책을 쓰고, 대중 강연을 하는 분이지만, 언제고 "희망의 끈을 놓지 마라"는 이야기를 덧붙입니다. 근거가 있고 증거가 있기에 희망한다면, 그건 진짜 희망은 아니죠.

지난 1997년 우리나라를 강타한 외환위기의 파고에서 헤어나오는 동안에도 한결같이 희망을 설파하던 차 신부에게 닥친 가장 혹독한 시련은 작년에 벌어진 세월호 참사였습니다. 아마도 우리 대부분이 그러했지만, 깊은 절망과 분노에 빠진 사람들에게 희망을 이야기하는 건 어쩌면 잔인하기까지 했습니다. 과연 우리는 이런 일들을 어떻게 대해야 할까요.

66이제 우리 사회는 이 슬픔을 어떻게 처리할 것인지 고민해야 합니다. 이해 못 할 사고 앞에서 분노는 당연한 반응이지만, 거기에만 머물러서는 안 돼요. 이럴 때야말로 '사유의 힘'이 필요해요. 자신만의 방법으로 감정을 승화시키고, 그 결과를 향해 나아가야 해요.99

누군가는 정부와의 투쟁에 나섰고, 다른 누군가는 자녀를 잃은 부모의 눈물을 닦아주는 일에 헌신하는 것으로 자신의 슬픔을 갈음했고, 어떤 이는 종교에 귀의해 마음을 다스리는 사람도 있었지요.

이럴 때면 피할 수 없이 떠오르는 물음이 있습니다. 과연 신이 있다면, 자신의 피조물 하나하나를 그토록 사랑한다면, 대체 왜 이런 사고가 생기며 그들이 죽음을 맞도록 내버려두는가 하는 질문입니다.

> 66하느님은 선하시다고 하는데 어떻게 세상에 히틀러 같은 살인자가 나왔는가? 하느님은 왜 히틀러가 600만 명의 유다인을 학살할 때 그 비극을 저지하지 않으셨는가? 왜 전능하신 하느님이 세상의 극악한 폭력에 대하여 침묵만 하시는가? 왜 저 많은 사람들이 억울하고 처참한 죽음을 당하도록 구경만 하신단 말인가? 하지만 성자가 될 수도 있었던 히틀러는 자신의 의지로 폭군이 되길 선택한 것입니다. 세상에 존재하는 악의 근원에 대해서는 저 또한 신통한 답을 내놓을 수 없습니다. 아마 신만이 아시겠지요.99[5]

차 신부의 책을 보면, 세상에 존재하는 악 혹은 재난조차 모두 '자연의지'의 일종으로 설명할 수 있을 것 같습니다. 각각의 인간이 지닌 자유의지는 때로 예상치 못한 방향으로 흘러갑니다. 그로 인해 세상엔 가해/피해의 구도가 생겨날 수밖에 없습니다. (자연재해로 인한 재난도 있지만 환경오염으로 인한 이상 기후 등은 인간이 원인입니다. 근래

[5]    차동엽, 〈피할 수 없는 질문〉, 《잊혀진 질문》, 275~276, 279~280쪽 발췌 및 요약.

일어나는 대형 참사의 원인 역시 인재인 경우가 빈번합니다.) 하지만 그조차 누군가 원하는 방향대로 변화시키거나 일방적으로 어느 한쪽에 유리하게끔 세계의 질서를 바꾼다면, 공의로운 신은 아니겠지요. '사랑과 공의'는 어느 것 하나 더하고 뺄 것 없는 신의 덕목이니까요.

차 신부는 사목신학으로 박사 학위를 받았습니다. 그리하여 영적으로 목마른 이들을 두루 거두어 먹이는 일생의 고민을 해결하고자 성당이 아닌 연구실과 강의실을 선택했습니다. 그의 정의에 의하면 "우리가 갖는 한계를 넓히고 인생의 내공을 쌓는 것이 자기계발이고 종교는 육체적·심리적 한계를 뛰어넘도록 도와주는 것"이라고 합니다. 그런 그에게 인생의 내공과 신앙은 떼려야 뗄 수 없는 것이고, 그 경계에서 끊임없이 말하고 글을 쓰는 것을 소명으로 내재화하는 일은 어렵지 않았겠지요. 현재 차 신부가 소장으로 있는 미래사목연구소 부지와 건물은 성당 청년회에서 꿈을 나눴던 친구가 연구에 매진하라며 희사한 것이라고 합니다.

> **66**어렸을 때부터 저는 많이 조숙했던 편이라 또래 친구들하고 같이 어울리기 힘들었어요. 그런데 유독 저를 좋아하고 아끼던 친구가 있었는데, 나중에 돈을 많이 벌어 부자가 되겠다고 하더라고요. 잘되면 제가 하는 일을 도와주겠다고 약속했는데 나중에 만나니 정말로 성공한 사업가가 되어 있었어요. 새로운 아이템에 눈이 밝은 타고난 사업가여서 어릴 적 약속을 지켜줬어요.**99**

경기도 김포시 외곽에 자리한 미래사목연구소의 모습

이 또한 말로 하는 '약속'의 소중함을 깨우쳐준 소중한 경험이었 죠. 기도의 응답, 말의 응답을 경험했고, 육체적으로 극한을 경험한 해군 학사장교 훈련을 특유의 정신력으로 버텨냈던 그였기에 자신 이 깨달은 바를 공유하고 싶어 합니다. 요즘 인기인 '즉문즉답[6]' 식 으로 사람들의 질문에 답을 주기 위해 동서양의 고전은 물론이고 수 많은 책을 섭렵하고, 세상 돌아가는 이치에도 늘 눈을 열어두었습니 다. 인생의 근원적인 문제를 고민하는 것은 물질적 부유함과 상관 없는 일입니다. 남들보다 유난히 호기심이 많은 사람이 있는데, 차 신부 또한 그런 사람이었기에 비밀의 답을 찾아 헤맸던 것이죠.

신부님이 쓴 책 중에서 가장 인상적이면서 한편으로는 의외였던 《잊혀진 질문》은 삼성의 선대회장인 고 이병철 씨가 남긴 질문으로 부터 출발한 것이라고 합니다.

- 성경에 부자가 천국에 가는 것을 약대(낙타)가 바늘구멍에 들어 가는 것에 비유했는데, 부자는 악인이란 말인가?
- 우리나라는 두 집 건너 교회가 있고, 신자도 많은데 사회범죄 와 시련이 왜 그리 많은가?
- 천주교의 어떤 단체는 기업주를 착취자로, 근로자를 착취당하

---

**6**　누군가 질문을 하면 승려가 즉시 답해주는 대기설법의 불교 전통에 의한 강연 방 식을 '즉문즉설'이라 하며, 이런 방식의 즉문즉답은 성서에 나오는 예수의 강연에서도 흔히 볼 수 있다.

는 자로 단정, 기업의 분열과 파괴를 조장하는데, 자본주의 체제와 미덕을 부인하는 것인가?

이 질문들을 보며 인생의 근원적인 질문 앞에는 누구도 예외가 없다는 사실과 함께 '부자는 천국에 갈 수 없다'는 성경구절 앞에서 고인이 얼마나 고뇌했을까 하는 생각이 스쳤습니다. 사업가로서 그의 일가가 이룬 부는 유례없는 것이었지만, 그랬기에 더욱 고뇌가 컸음이 분명합니다. 그가 이룬 성공의 바탕에는 노조 없이 일하며 고통을 받은 노동자들이 있었습니다. 그렇기에 고인은 생전에 일말의 가책을 느꼈고, 다른 이의 땀 덕에 축적한 부를 죄악시하는 종교로부터 거절감도 느꼈으리라고 짐작해봅니다.

원래 이 질문들은 이병철 회장이 병석에서 작성해 박희봉 신부에게 보냈으나, 이 회장은 해답을 듣지 못한 채로 죽음을 맞이하고 말았습니다. 질문을 던진 이가 재벌가의 회장이란 사실에 많은 이가 주목하지만, 사실 이는 매우 보편적인 의문입니다. 어쩌면 종교는 이와 같은 근원적이며 보편적인 질문에 답하기 위해 존재하는 게 아닐까요?

이 같은 난감한 질문에 답하기 위해 고군분투하는 것이 차동엽 신부의 일상입니다. 매일 새벽같이 일어나 책을 보거나 글을 쓰고 혼자만의 고요한 시간을 갖습니다. 강연은 1년에 약 600회, 틈틈이 메모를 해두었다가 연구원들과 협업으로 해마다 책도 펴냅니다. 일

동서양을 아우르는 고전과
20대 때의 독서가 삶의 자산이 됐다.

주일에 하루라도 쉬지 않으면 몸이 버텨내지 못할 만큼 **빡빡한 일정**입니다. 지병이자 체질인 간경화 때문에 몸을 아껴가며 써야 하지만, 바쁜 삶 가운데 짧은 휴식으로 에너지를 얻습니다.

책에서 혜안을 얻는 것에 익숙하고, 그 시간이 소중하기에 신부이면서 작가로 살 수 있나 봅니다. 인문학이나 독서의 필요성마저 스펙 쌓듯이 얕은 자기계발서가 범람하는 이 시대이지만, 여전히 책을 가까이 해야 하는 이유를 차 신부의 일상을 통해 발견하게 됩니다.

❝저는 운 좋게 일찍이 데뷔해 베스트셀러 작가가 될 수 있었지만, 지금은 책이 정말 안 팔린다고 아우성이죠. 신규 작가로서는 기회 자체를 얻기가 힘들지만 작가로서 제 저력은 단연 20대에 읽은 책들이에요. 그 덕분에 남들이 고민하지 않는 것까지 고

민할 수 있었어요. 사유력은 아주 큰 자산입니다. 일찍 독서에 눈 뜰수록 더 많은 것을 볼 수 있죠. 제 인생의 책으로는 중국의 사상가 오경웅의 《동서의 피안》을 꼽습니다. 동아시아 3대 종교의 가르침과 성서의 정수를 관통하며 동서양을 아우르는 광대한 지성에 눈뜨게 해줬거든요. 그리고 버트란드 러셀의 책들, 또 영국 작가 서머싯 몸의 책에선 생각을 정제하는 법을 배웠어요. 99

이런 신부님의 입장이 철저히 학문적 정합성이나 세상을 변화시키는 실제적인 운동론으로 접근하는 사람들과 같을 수는 없습니다. 누군가는 신부님더러 현실을 바라보는 칼날이 야물지 않고 지나치게 낙관적이라고 지적할 수 있겠습니다. 하지만 어느 지점에 발을 딛고 서서 세상을 바라보느냐 하는 시각의 차이가 아닐까 싶습니다. 성(聖)과 속(俗)이 동전의 양면처럼 간단한 구분은 아니지만, 욕망이 없는 세계에서 바라보는 세상이 어떤 모습일지 상상하는 것만으로도 작은 일에 아등바등하는 우리네 삶이 어리석게 느껴지기도 합니다.

저 자신도 오늘날의 한국 개신교의 편협함과 권력 지향적 속성에는 매우 비판적인 입장입니다만, 실상 종교는 사람이 해결할 수 없는 인생의 많은 결을 품고 보듬어줍니다. 언젠가 삶과 종교에 대한 근원적인 질문이 생기면 신부님을 다시 한 번 찾아뵈어야 할 것 같습니다.

(신부님을 처음 뵌 것은 2010년이지만, 이 책의 인터뷰는 2014년에 이뤄졌습니다.)

### 신과 인간에 관한 성찰

## 공지영의 수도원 기행

공지영 | 오픈하우스 | 2009 개정판

종신서원을 하고 평생을 수도원에서 지내는 수사, 수녀들을 작가의 섬세한 시선과 필치로 묘사한 산문집. 유럽의 작은 마을들의 풍광, 수백 년의 역사를 지닌 봉쇄 수도원(독방에서 생활하며 침묵에 스스로를 가두는)의 생활에 대한 궁금증을 해소할 수 있다. 이 기행을 계기로 다시 믿음의 불을 지핀 작가는 "세상이 수도원이고 길 위에서 만난 그 모든 사람들이 사실은 수도자들일지도 모른다는 생각"을 하게 되었다고 한다.

### 예비 신부神父 VS 예비 신부新婦

## 신부수업

허인무 감독 | 권상우, 하지원 주연 | 2004
12세 이상 관람가 | 110분

신부서품을 한 달 남기고 사고를 친 모범신학생 규식(권상우 분)이 돌출행동을 일삼는 성당 신부의 조카 봉희(하지원)에게 세례를 주는 미션을 통과해야 신부서품을 받을 수 있다. 문제는 봉희가 너무 섹시하다는 것. 다소 작위적인 설정도 있지만 신부서품을 앞둔 한창 나이의 신학생의 고민을 엿볼 수 있는 귀여운 영화.

용서와 양보를 통한 상생의 지혜

# 신부님 우리들의 신부님

조반니노 과레스키 | 서교출판사 | 2014 개정판

프란치스코 교황 방한에 맞춰 재출간된 이탈리아 국민작가의 '돈 까밀로 시리즈'. 이탈리아의 시골 마을을 배경으로 행동파 신부 돈 까밀로, 다혈질 공산당 읍장 빼뽀네의 얽히고설킨 이야기. 이들의 갈등과 화해는 역대 교황들도 파안대소하게 만들었다고 한다. 오토바이를 타고 다니는 괴짜 신부 캐릭티가 큰 인기를 얻어 영화와 연극으로 제작되기도 했다.

# '인간력'의 회복을 바라는 생활문화 기획자, 한일 양국을 잇는 코디네이터

카페 수카라
**김수향**

우리는 이 땅의
모든 존재와
관계를 맺으면서
사는 존재입니다.

## 자본을 거슬러 더 생명에 맞닿은
## 삶을 기획하는 일

한국과 일본을 오가며 한류와 대중문화 전문가로 일하다 '오가닉 organic'을 표방한 카페의 초창기 모델을 만든 '수카라'의 김수향 대표를 만났습니다. 카페에서 월급을 받지 않으니 사장이라기보다 운영자 혹은 기획자란 직함이 더 어울릴 것 같긴 합니다. 남들이 볼 때는 직함이 많고 번듯해 보이지만 생계를 유지하며 그에 걸맞은 다양한 활동을 병행하기에는 시간이 부족하고 심신을 돌볼 여력조차 빠듯해 보입니다. 그럼에도 먹을거리와 수공예품을 사고파는 도시형 농부시장 '마르쉐@' 또한 그를 비롯한 몇몇 분의 노력에서 시작되고 진행된 결과물이라는 사실, 알고 계셨나요?

기획이란 '어떤 일이 되게끔 하는 일'이니, 카페를 운영 역시 기획의 한 영역이라고 표현할 수 있겠지요. 오가닉은 김수향 대표의 확고한 지향점이기에 오늘도 소득 없는 카페를 운영하며 자본의 논리를 거슬러 그만의 길을 내고 있습니다.

커피숍 사업은 프랜차이즈를 제외하면 초기 자본의 출자 구조,

모든 먹을거리의 핵심은 재료 그 자체다.

수익을 배분하는 방식에 따라 개인이나 공동 창업, 사회적기업이나 조합의 형태 등으로 나눌 수 있습니다. 자그마한 카페는 대부분 자영업자들이 가족 구성원과 함께 운영하는 사례가 많으며, 드물게 투자처가 있거나 친구 등 지인과 동업하는 경우도 있습니다. 조합원이 일정 금액을 출자하는 협동조합 형태의 카페는 위험 부담이 적은 반면 수익 분배가 원활하지 않을 수 있습니다. 커피숍 창업이 일종의 트렌드로 자리를 잡아가는 형국이지만, 사실 커피숍은 창업 후 5년이 지난 시점에 여전히 영업을 할 확률은 26퍼센트에 불과하다고 합니다.[1] 서비스와 전문성, 홍보와 마케팅 능력을 갖췄다 한들 임대료가 비싸고 경쟁이 워낙 심한 업종이기 때문이지요.

### 무엇을 먹느냐 혹은 죽느냐 사느냐?

김수향이라는 사람을 설명하려면 우선 카페 수카라의 대표라는 직함에서부터 출발해야 합니다. 그는 카페의 성지(?)라고 할 홍대 인근 산울림극장 건물(1층)에 자리한 오가닉 지향 카페의 선두주자입니다. 수카라는 차와 식사, 디저트 메뉴가 다양해 수다 떨며 시간을 보내거나 일하기 좋은 곳입니다. 지금이야 소위 '일본풍'[2]의 빈티지한 카페가 흔하지만, 수카라가 개점하던 2006년 당시에는 꽤 독특한 분위기였어요. 짜고 매운 음식에 길들여진 이들에겐 건강한 음식이 '싱겁고 비싼' 먹을거리로 받아들여지기도 했고요. 시간이 흘러 믿고 먹을 수 있으며 건강에 좋은 음식은, 한국에서는 물론 동

1    커피찾는남자, 〈커피숍 창업1_수익을 계산해봤더니〉(wecoffee.tistory.com/187) 참고. 이 기사는 안전행정부의 '전국 12개 도시의 음식점 20개 업종에 대한 빅데이터'(2014년 3월 기준)를 분석한 결과다. 자료에 따르면 12개 주요 도시 중 서울의 생존율이 가장 낮은 편에 속했다.

2    소박하고 심플한 인테리어, 원목 가구와 소품 등을 갖추고 서양식 샌드위치보다는 가정식에 가까운 한 그릇 음식 등을 파는 곳을 지칭한다.

경 대지진으로 방사능 유출이라는 끔찍한 경험을 한 일본에서도 생존의 문제가 되었습니다.

건강한 음식에 대한 고민은 애초부터 그 누구보다 김수향 대표에게 중요한 화두로 자리 잡았습니다. 그는 일본에서 나고 자란 재일조선인 3세이자 대지진을 현지에서 겪었기 때문이죠. 돌아갈 고향을 잃어버리고 생명의 경계선에서 시간을 보낸 것처럼 열도를 뒤흔든 대지진은 일본 사람들의 삶을 근원을 뒤흔들었습니다. 직접적으로 생사의 문턱을 넘나들지 않았다고 하더라도 무엇을 먹고 어떻게 살아야 하는가 하는 중차대한 문제를 두고 개인이 선택할 여지는 적고 그 파급력은 엄청났으니, 일본 사람들에겐 거의 민족적 공포였을 겁니다. 누군가는 두려움으로 인해 지진의 'ㅈ'조차 꺼낼 수 없게 되었다고 할 정도니까요.

> 66희망을 찾으려다 보니 제 삶도, 카페도 변화했어요. 희망이 없으면 살 수 없잖아요. 일본에서는 원전사고로 인해 소통할 수 있는 사람과 없는 사람 사이에 근원적인 간극이 생겼어요. 원산지 때문에 함께 음식을 먹을 수 없게 되거나 방사능에 대한 언급 자체를 피하는 사람도 있거든요. 그러니 관계 자체가 달라지는 거죠. 지진 후 열흘쯤 지나서 가족의 안전을 확인하고 귀국하니 고민을 나눌 사람조차 없었어요. 방사능 문제는 일본 안에서도 거리에 따라 체감하는 정도가 달라요.[3] 처음에는 한국에서 이런 이

야기를 입 밖에 내면 미친 사람이 되거나 동정의 대상이 되더라고요. 그래서 말을 안 했어요. 제 가족은 여전히 피해를 겪고 있는데 도망 나왔다는 죄책감과 트라우마에 시달리기도 했고요. **

김 대표는 살아나왔지만 이후 3년의 시간을 '살아남기 위한 전투'라고 표현했습니다. 그렇게 끊임없이 일로 자신을 내몰고, 음식을 먹는다는 행위 자체에 대해서도 깊은 고민을 하는 시간을 보냈습니다. 카페 일은 일대로, 생계는 생계대로 해결하면서 '마르쉐@'라는 농부시장을 꾸려 매월 한 차례씩 큰 장을 치러내기도 했습니다. 잠깐씩 짬이 생겨도 마음이 놓이지 않으니 쉴 수가 없었다고 합니다.

그나마 시간이 약이긴 한가 봅니다. 지난여름 오키나와로 휴가를 다녀오며 비로소 마음을 내려놓고, 쉬어갈 수 있게 되었으니까요. 그의 동행자 가와시마 요우코는 일본에서 이름난 작가입니다. 오키나와에 야생초를 배울 수 있는 공간인 '풀시간'을 운영하며《풀장식》《풀수첩》《길가에 핀다》《꽃이야 꽃이야》 등의 책을 펴내며 지금도 풀과 꽃에 관해 쓰고 있는 분입니다.

제가 김 대표를 처음 만난 것은 어느 강의 자리였습니다. 여러 직함을 달고 치열하게 사는 분이라는 인상을 받았지요. 글과 강의, 카페의 대표 겸 기획자, 통역가 그리고 (전직) 한류 전문가. 이 모든 영

---

3    일본 당국은 후쿠시마에서 250킬로미터 이상 떨어지면 안전하다고 발표했다.

홍대 앞 카페
사장님이 고민하는
오가닉푸드

역을 아우르는 단어를 굳이 찾자면 '코디네이터'라고 하시네요. 일과 사람, 그리고 현안 사이의 매개자도 될 수 있기 때문이겠지요. 일본에서는 평범한 직장인으로 생활했지만, 어학연수차 한국에 온 후 짬짬이 아르바이트를 시작해 방송 취재 코디네이터를 하며 한국에 자리 잡게 되었습니다. 마침 한류 드라마가 뜨기 직전이어서 하나의 시장이 생겨나려던 무렵이었죠.

❝일본 촬영팀을 안내하고 통역도 했어요. 1998년에 일본 대중문화가 개방되니 갑자기 일이 늘어서 매스커뮤니케이션을 전공했어요. 코디네이터의 역량에 따라 정보의 질이 달라지거든요. 일본이 한국에 대해 아는 거라곤 김치, 불고기, 위안부 정도였는데, 한국은 일본을 아주 잘 알아서 균형을 맞춰야 제가 두 나라 사이에서 살 수 있겠더라고요. 한류 열풍이 일어난 후 일본 자본에 콘텐츠를 파는 일도 하게 됐어요. 드라마 〈가을동화〉가 시초였죠. 첫해에 코디네이터로 같이 했어요. 하지만 일이 융성할 때는 자본의 논리가 전부였고, 거품이 빠진 후로는 견디기 힘들더라고요. 그때 그 일을 그만뒀지만, 한일 교류의 문은 이미 열렸어요. 표면적인 콘텐츠 다음으로는 하위문화, 생활문화에 관심을 두게 되는데, 그걸 받쳐줄 내용이 없었어요. 한국 마니아들의 관심을 계속 유지할 수 있는 콘텐츠가 필요하다는 생각에 2005년 한국 문화잡지 《수카라》를 창간하게 됐죠.❞

한국의 현대사를 돌아보면 압축적 경제성장과 민주화를 거쳤기 때문에 문화 또한 가변적으로 느껴질 만큼 변화가 빠른 것이 실감납니다. 한국이 처음 주목받기 시작한 때가 2002년 한일월드컵이니 세계무대에 데뷔한 지 갓 10여 년인데, '한국적'이라는 것들의 실체는 미처 인식되기도 전에 사라지기 일쑤였습니다. 일본은 일찍이 문물을 개방했으면서도 그것들을 '일본화'해서 새롭게 만들거나 되레 수출하는 능력이 뛰어난 반면 한국은 급격한 근대화 과정의 폐해로 서구를 흉내 내기에 급급한 면이 큽니다. 이런 아쉬움이 한국 문화를 객관적으로 보고, 잡지나 방송 등의 매체를 통해 일본에 제대로 알리게 된 원동력으로 작용했습니다. 양국의 문화를 객관적으로 바라볼 수 있는 환경 덕에 얻은 일종의 능력이랄까요.

❝한국에 한국 문화를 객관적으로 보여주는 역할이 필요해요. 일종의 거울 같은 이 과정이야말로 한 나라의 문화를 만들고 지키는 힘이거든요. 전쟁이나 분단을 겪은 참혹한 나라, 혹은 중국의 일부로 여겨지기도 했던 한국을 일본이 다시 보게 된 건 한류라는 계기를 통해서예요. 그런데 10년도 되지 않은 사이에 사라지는 것이 많더라고요. 숲을 베어버리거나 오래된 주택이 사라지고 아파트가 계속 생겨나고, 아주머니들이 손맛을 담아 만드는 백반이나 공예품 같은 것들도 쉬 사라집니다. 선진국은 이런 문화적 경쟁력을 지키려고 애쓰는데 한국은 그렇지 않아요. 잡지《수카라》를 창간하면서 3년간 같은 이름의 카페도 운영했는데, 회사를 그만두면서 그 카페를 제가 인수하게 됐어요. 카페의 콘셉트를 '오가닉'으로 잡은 건 제가 갈망하던 삶이 반영된 것이죠.❞

'오가닉'이란 용어는 아직도 그 쓰임이 분분하지만, 좁게는 화학비료를 사용하지 않는 유기농 식품이나 면직류 등을 말하며 친환경

**1_** 소박하고 정갈한 카페 수카라의 모습
**2_** 그때그때 제철 식재료를 활용한 메뉴를 기획해 내놓는다.

적인 삶의 방식을 아우르는 말로도 쓰입니다. 지구에 해를 끼치지 않은 건강한 재료라는 식으로 넓게 사용되기에, 완전한 유기농만이 아니라 저농약이나 유전자 조작을 하지 않은 식자재까지 포괄하죠. 그럼에도 오가닉을 바탕으로 한 삶에는 시간과 비용이 듭니다. 주말농장에서 농약이나 비료 없이 키운 식재료로 요리를 해서 끼니를 챙겨 먹고, 바느질이나 뜨개질로 옷을 만들어 입는 삶은 바쁜 현대인들로서는 그야말로 완벽한 '로망'이니까요. 이를 대체하려면 일반 생활용품보다 비싼 친환경 생활재를 살 수 있는 경제력이 뒷받침되어야 합니다. 낮은 급여와 불안정한 고용에 시달리는 대부분의 평범한 이들과 '오가닉'한 삶은 동떨어진 것일 수밖에 없지요. 그렇기에 2008년 김 대표는 잡지사를 그만두며 본격적으로 카페 수카라에 자신의 색을 덧입히기 시작했습니다. 그때만 해도 오가닉은 놀이이자 일종의 이상향이었어요.

66월간지 만드느라 한 달에 몇 번씩 일본을 오가면서 일했어요. 몸이 너무 힘드니까 일본에 생겨나기 시작한 오가닉 카페를 찾아다녔어요. 쉬고 싶을 때 가면 몸도 마음도 편해지더라고요. 일을 그만두면서 삶 자체를 오가닉하게 바꾸려고 마음먹었어요. 한 끼라도 제대로 먹고 싶을 때 찾는 공간이 수카라였으면 했는데, 어느새 오가닉이라는 개념이 정착돼 우리를 앞서가기 시작했어요. 오가닉을 지향하는 과정이지 100퍼센트 오가닉은 아니라고 인터뷰를 해도 어느새 카페 수카라가 '오가닉의 대명사'가 돼버렸어요. 그렇게 3년 정도는 돈 욕심을 버리고 지방 고유의 음식 문화에 관련된 일만 하면서 마음 편히 살았어요. 일을 줄이니 오히려 좋은 일들이 들어왔고 그래서 즐거웠어요. 🍴

## 자연으로 돌아가는 사람들

21세기 최첨단 시대에 기술은 점점 빠른 속도로 발전하고 있습니다. 하지만 삶의 질은 나아질 기미를 보이지 않습니다. 더구나 사람들이 오히려 불안해하거나 크고 작은 병에 시달리는 건 대체 왜일까요? 근 5년간 음식 문화 코디네이터로 활동한 김 대표는 이 질문에 대한 답을 찾기 위해 갖가지 실험과 고민을 거듭했습니다. 사람들은 보험을 들거나, 인맥을 쌓거나, 운동에 몰두하는 식으로 저마다의 해법을 찾아가고 있었죠.

그는 행복해지고 싶다는 욕망을 실현하는 좋은 방법으로 '인간력의 회복'을 이야기합니다. 구체적으로는 인간으로서 삶의 능력을 되찾고, 좋은 사람들과의 관계에 시간과 에너지를 쓰는 일입니다. 직접 채취한 잎으로 차를 담그고 장도 만들고, 지방에서 직접 수확한 농산물이나 과일로 카페 메뉴를 만들고, 전국 곳곳의 산지에서 생산자들을 만나 땅과 수확물에 대해 고민을 거듭했습니다. 한동안 평온했던 삶을 대지진 이후 당분간 누릴 수 없었지만요. 인간력의 회복을 위해 세상을 거꾸로 돌리는 움직임을 벌이기 시작했는데, 농부 시장 마르쉐@ 또한 그 일환이었다고 합니다. 이는 일종의 '얼굴 있는 거래'입니다. 관계를 맺고 있는 사람들 사이에서 구한 물건만으로도 생활이 가능할까, 하는 고민에서 시작한 도시장터였죠. 물론 이 일을 혼자 꾸린 것은 아니었어요. 여성환경연대 이보은, 십년후 연구소 송성희 같은 이들과 함께 고민을 나눴습니다. 점차 시간이 지나면서 도시형 농부시장에 참여자와 판매자가 폭발적으로 늘어 도저히 감당할 수 없는 상황이 되었습니다. 3년을 자신의 생계, 카페 일 사이에서 씨름하며 마르쉐@를 꾸려온 그는 휴가를 다녀오며 마르쉐@ 기획을 내려놓고 출점자로 참여하는 길을 선택합니다. 그러는 편이 더 행복하다는 판단에서요.

이 모든 시간을 거치며 카페도 변했고, 마르쉐@에서 맺은 인연을 바탕으로 새로운 시도를 할 수 있었습니다. '잡초 워크숍'은 이름 없는 풀로만 여기던 식물에게 일일이 말을 걸고 교감하면서 직접 채집한 들풀을 요리하고 먹는 프로그램이었습니다. 이를 위해 오키나와에서 야생의 재료로 프랑스식 요리를 만들던 오지마 케이지를 초청해 한국 식재료로 요리 워크숍을 열었습니다. 일일이 재료를 구하러 돌아다니는 요리사라니, 상상하기 어려운 이야기입니다. 하지만 실제로 그는 오키나와에서 '이름 없는 요리점'을 그런 방식으로 운영하고 있다고 합니다. 그런 그도 한국의 식재료는 처음 접하고 낯선 것

70

이 많아 시간이 필요했다고 합니다. 그리하여 노량진 수산시장에서 구입한 싱싱한 고등어, 홍성의 자연 농법 농장에서 구한 갓꽃과 횡성 농부의 방사 유정란, 홍천의 재래종 돼지고기, 제주도산 빨간 은대구, 경동시장에서 산 죽순, 노지에서 채취한 씀바귀와 갖은 야생초를 활용하여 여섯 코스의 프랑스식 한국 요리를 차려낼 수 있었습니다. 아마 그 맛은 단순한 미각을 넘어선 차원이었을 겁니다.

> ❝요리란 요리사 혼자 만드는 게 아니에요. 음식에 관여하는 모든 사람, 그러니까 재료를 만드는 생산자와 음식을 먹는 손님이 함께 요리를 만들어가는 거죠. 그런 관계가 모여 하나의 음식이 완성된다고 생각해요.❞[4]

오지마 케이지와 마르쉐@의 출점 요리사들, 수카라 직원들, 그리고 김 대표까지 함께 전국을 4일간 돌아다니며 구한 식재료가 훌륭한 요리가 되어 식탁에 오른 순간, 함께한 이들은 벅찬 눈물을 흘렸습니다. 어느 곳의 식재료로 어떻게 요리한 것인지 대화하며 식사를 나누었을 뿐인데, 그 순간의 감동은 어떤 음식을 먹을 때도 느끼지 못한 것이었다고 합니다.

4    〈한 접시의 요리를 위해 재료를 찾아 한국에 온 오지마 케이지〉, 《마리끌레르》, 2014. 9. 26에서 발췌. 원문 media.daum.net/life/food/cooking/newsview?newsId=20140926112716709&RIGHT_LIFE=R1

66고향 요코하마를 워낙 좋아해서 돌아가고 싶은 생각이 늘 있었어요. 원전사고로 그럴 수 없게 된 후 돌아갈 곳을 찾고 있는데, 서울에서의 삶은 지속가능하지 않다고 봐요. 서울에서 장사한다는 것도 스스로 의미를 찾아야 하는 상황이 됐어요. 수카라가 홍대에 존재하는 것만이 행복한 일은 아닐 수 있잖아요. 서울이라는 거대한 배도 가라앉으려 하는 게 눈에 보여요. 마르쉐@이나 카페는 일종의 '노아의 방주'거든요. 귀농이나 귀촌한 사람들은 자신의 방주를 탄 것이고요. 텃밭을 시작한 지 3년, 모내기 2년차가 되니 이제 땅을 근거로 살 수 있을 것 같아요. 자급하는 삶에 조금 더 다가가는 거죠. 편리함이 곧 풍요는 아니란 사실을 알게 된 이상, 내 안의 인간력을 되찾고 싶은 마음으로 이 일들을 하고 있어요.99

그는 '인간력'이라는 단어를 여러 차례 힘주어 말했습니다. 사람이 손으로 하는 일이 줄어들고 기계의 힘을 빌리면서 인체의 기능이 점점 퇴화되는데, 그 움직임을 되돌리는 일이야말로 지구와 오래 공존할 수 있는 방법이 아닐까 하는 생각이 인터뷰를 하는 내내 들었습니다.

66저는 자연의 일부이자 동물로서 원래부터 갖고 있었겠지만, 시스템 속에서 잃게 된 인간력을 되찾고 싶을 뿐이에요. 사회가 주는 막연한 불안함에서 해방되어 인간력을 조금씩 되찾을 때마다 마음이 편해지고 자신감이 생기는 그 느낌이 좋거든요. 🍎🍎

인간력의 회복에는 대바구니를 만드는 일, 자신만의 농법으로 무언가를 만드는 일, 손으로 직접 출판물을 만드는 일 등을 예로 들 수 있습니다. 결실을 보기까지 모든 일은 인내와 투자가 필요합니다. 노력에 합당한 결과가 나오지 않는다 해도, 적어도 주식이나 금융상품보다는 높은 안정성과 투여된 노동에 걸맞은 보람을 돌려줄 것이라고 생각해요. 혼자서는 힘이 들기에 각자의 삶을 영위해 나가면서 조금씩 더 큰 무리가 되어 움직인다면 자연히 영향력이 생기겠지요. 이렇게 하나의 모델을 창조하는 것이 '운동movement'이 아니라면 무엇일까요? 김 대표의 삶을 통해 이야기하자면, 이 과정 자체가 하나의 기획이기도 하겠지요.

이렇게 해서 하나의 방주가 만들어지고 점점 차오른 물에 방주가 떠오르면, 그때부터는 정말 모두가 생존을 위해 투쟁해야 할 때인 거지요. 과연 어떤 대안을 만들 수 있을 것인지 주변 사람들과 머리를 맞대야 할 것 같습니다. 로컬푸드(산지에서 가까운 원재료를 이용하자는 움직임), 친환경 급식도 하나의 고민이자 대안이 될 수 있겠지요. 무심코 끼니를 때우는 패스트푸드에는 자본의 논리에 따라 생산된 값싼 식자재나 유전자 조작으로 대량생산된 원료가 들어갈 가

산지에서 들여온 재료 하나하나가 세심한 손길을 거쳐 식탁에 오른다.

능성이 큽니다. 방부제 범벅의 수입산 밀가루나 비좁은 사육장에서 항생제를 먹으며 자란 고기 또한 몸에 좋을 리 없지요. 무엇을 먹고 살아야 하는지에 관해서도 고민이 필요한 때입니다. 작은 것 하나 에서부터요.

66저는 태생부터 난민이었어요. 어릴 때는 일본 내 민족학교인 우리학교에 다녔고 일본학교에 다니면서부터는 늘 주변인, 외국 인 취급을 받았어요. 스스로 특별하다고 느끼기 전에 주변에서 늘 다르다고 말했죠. 여러 나라를 다녀보니 문화의 차이를 몸으 로 느낄 수 있었어요. 두 나라 사이에 있다 보니 일반적인 규율에 제 삶을 맞추지 않아도 됐어요. 그래서 남과 다른 생각이 가능한 면도 있지만, 개인적으로는 결핍에서부터 시작한 거죠. 다른 삶 을 찾는 것도 중요하지만, 처음부터 대안만 찾는 게 좋은지는 잘 모르겠어요. 요즘 사회적기업이나 협동조합을 쉽게 시작하는데 재미있는 흐름이긴 해요. 하지만 정부 보조금에 의존하면서 오히 려 힘이 약해지거나 자신이 사회에 막연히 좋은 일을 하고 있다 고 착각하는 경우도 눈에 들어오지요. 저는 사회적이지 않은 기 업은 없다고 생각해요. 사람들에게 먹고 마실 것을 제공하는 카 페도 그렇고요.99

재일조선인이라는 남다른 지점이 있긴 하지만, 어떤 결핍이라 할

지라도 그 지점에서 자신의 방식으로 돌파하는 삶은 누구나 가능하다고 봅니다. 김수향 대표가 먹고 사는 일과 해야 한다고 생각한 일들 사이를 헤쳐 나온 과정이 그러했듯이 말입니다. 작은 가게를 차리거나 소소한 모임을 꾸리는 일조차 어떤 신념에 기반을 둔다면 필시 사회적이고 정치적인 일이 됩니다. 우리는 결국 이 땅의 모두와 관계를 맺으면서 살아가는 존재이기 때문이지요. '당신이 먹는 것을 말해주면 내가 당신이 어떤 사람인지 말해주겠다'[5]는 말은 누군가의 계급이나 취향 이전에 삶의 지향점을 드러내는 유효하고 중요한 잣대가 되었습니다.

(인터뷰는 2014년 여름에 이뤄졌습니다.)

---

5    프랑스의 미식가 브리야 사바랭Jean Anthelme Brillat-Savarin이 한 말.

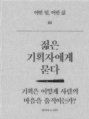

## 기획 일을 쉽게 배울 수 있는 책

# 젊은 기획자에게 묻다

김영미 | 남해의봄날 | 2014

'기획은 어떻게 사람의 마음을 움직이는가'라는 부제가 달린 인터뷰집. 다양한 분야에서 활동하는 7인의 기획자 이야기, 기획 분야의 노하우가 많은 선배들의 이야기까지 다양한 사례를 통해 기획자가 하는 일의 흐름을 잡을 수 있게 해주는 책이다.

## 개성 넘치는 가게들을 만나는

# 새로운 오키나와 여행

세소코 마사유키 | 꿈의지도 | 2014

일본에서 가장 안전하고 따뜻한 남쪽의 섬 오키나와. 그곳에서 자신의 개성을 한껏 담아낸 가게를 꾸린 사람들과 가게 45곳을 소개하는 가이드북이다. 새로운 삶을 시작한 사람들의 삶을 엿볼 수 있는 여행 책으로 감성을 자극하는 에세이에 가깝다. 오키나와를 네 곳으로 나눈 지도에 상세한 소개와 팁까지 담아냈다. 좋아하는 가게를 운영하면서 창작이나 다른 활동과의 조화를 꾀하는 사람들의 이야기가 흥미롭다.

인간 때문에 고통받는 동물들이 남긴 교훈

## 후쿠시마에 남겨진 동물들

오오타 야스스케 | 책공장더불어 | 2013

2011년 동경 대지진에 이은 원전 폭발로 피난령이 내려진 후쿠시마 원전 20킬로미터 이내에 남겨진 동물들에 대한 기록이다. 분쟁지역 전문 다큐멘터리 사진작가인 저자는 그 풍광을 '지옥'으로 묘사한다. 가축은 굶어죽거나 살처분되고, 개는 돌아오지 않을 주인을 하염없이 기다리고, 고양이는 나날이 말라간다. 삶의 터전에 대해 깊고도 슬픈 울림이 가득한, 외면할 수 없는 기록이다.

캐릭터를 그려내기 위한
끊임없는 노력,
유일무이한 표현으로
쉼 없이 변신하다

배우
**이주승**

배우가 느끼는 것이 아니라
관객이 느끼는 것이
진실이에요.

서리를 품

미안하단 소리가 먼저 아니냐?

## 단순 명쾌한 배우의 삶,
## 소년과 청년 사이 어디쯤

배우로 살아가는 게 어떤 기분일지 상상만 때에 배우와 인터뷰하는 일은 짐작하기 힘든 세계를 조금이나마 엿보게 해주는 통로와도 같았습니다. 20대 후반, 기자 일을 그만두고 멋모르고 나선 연기는 그간 살아온 삶의 어느 구석과도 닮지 않았기에 마냥 헤맸지만, 코끝이 에는 추위에도 그저 좋아서 마음이 그리로 향하는 것을 막을 수 없었습니다. 남들은 슬슬 정신을 차려 발을 뺀다는 서른 즈음에 연극을 하고 영화에도 조금씩 얼굴을 비치다가 아예 짧은 시나리오를 써서 연출까지 하게 됐지요.

배우는 자신이 아닌 다른 인물을 몸으로 표현하는 일이니 가장 직접적인 대리 경험입니다. 자신의 한계를 명확히 느끼면서도 감정을 표출하고 미세하게 조절하는 능력을 단련하는 매력이 있어요. 배우는 근래 최고로 각광받는 일이자 선망의 대상이기도 하지만, 스타 배우에 가려진 수많은 지망생의 땀과 눈물이 극명한 그림자를 드리운 현실을 보면, 그리 쉽지만은 않은 일임을 짐작하실 겁니다.

이주승은 친근하면서도
낯선 배우의 얼굴을 갖고 있다.

　이주승은 20대의 배우란 '완성형보다는 진행형에 가까운 존재'라
고 생각했던 제 편견을 깬 배우입니다. 또래의 배우들을 봐도 연기
력보다는 스타로서의 잠재적인 능력, 대개는 훤칠한 외모가 필수고
표현할 수 있는 캐릭터의 폭이 넓지 않죠. 하지만 그를 봤을 때 10대
인 줄 알았을 만큼 앳된 얼굴에서 나오는 탄탄한 연기력에 놀랐습니
다. 1987년생으로 이제 20대 중후반이지만 일찍 군복무를 마친 후
폭넓은 필모그래피를 쌓으며 연기 욕심을 뽐내고 있습니다. 다른
재주가 없어 오직 숨 쉬듯 연기에 기댈 수밖에 없다는 이 배우를 눈

여겨보노라면 새삼, 배우의 얼굴이 주는 낯선 긴장과 흡인력에 감탄
하게 됩니다.

## 스스로를 넘어서는 매력적인 일, 연기

몇 편의 영화에서 스치듯 보았지만, 이주승의 얼굴과 눈빛을 처
음 '발견'한 것은 그가 처음으로 장편 주연을 맡은 〈서틀콕〉이었습
니다. 상처받은 사춘기 소년의 눈빛으로 막내 동생과 이복 누나를
찾아 나선 이 소년의 여정은 서울에서 시작해 전주와 남해에까지 이
릅니다. 관객은 그 과정에 동행하면서 미운 정 고운 정이 톡톡히 든
세 남매 사이에 끼어든 묘한 감정을 대면하게 되지요. 영화에서 유
독 빛난 것은 사춘기 소년의 격한 방황을 그리면서도 사랑받고픈 속
내를 내보이는 이주승의 연기, 얼굴 그 자체였습니다. 이 작품을 통
해 이주승은 자신의 눈빛을 스크린에 각인하고, '스타 재목'을 찾는
눈 밝은 관객들과 제작자들의 이목을 끌었습니다. 함께 지내다시피
호흡을 맞춘 배우들과의 앙상블, 데뷔작으로 밀도 있는 이야기를 보
여준 이유빈 감독의 힘도 작용했지만요. 이에 힘입어 〈서틀콕〉은
독립영화로는 이례적인 성과를 거뒀고, 이주승은 웹드라마 〈썸남썸
녀〉에서 어리바리한 '남자 4호' 역으로 큰 웃음을 안겨주는 한편, 드

라마 〈피노키오〉에서는 주요 배역을 맡아 브라운관까지 섭렵해 떠
오르는 스타가 됐습니다.

이주승이 처음부터 배우를 꿈꿨던 건 아니랍니다. 고등학생 때부
터 학내 공연을 하고 단편을 직접 찍다 독립영화에 출연한 이력을
보면 어렸을 때부터 연기로 길을 정했을 것 같지만, 중학교 때까지
는 태권도 선수(공인 4단)였다고 합니다. 그밖에 잘하는 것이 없었기
때문에 공부에 미련을 두지는 않았어요. 연예기획사를 찾아갔다가
사기를 당하는 곡절도 겪었지만, 뚝심 있게 연기에 매진하면서 유망
주로서 입지를 다졌습니다. 가족들도 처음부터 배우의 길을 지지하
고 응원해주었다고 합니다.

❝부모님이 믿고 방치(?)해주셨어요. 형은 공부를 잘하는데 저는
못해서 힘들었거든요. 연기하고 싶다고 했을 때 오히려 좋아하셨
어요. 평소 겉으로는 무덤덤해도 속은 따뜻한 〈셔틀콕〉의 민재
가 저랑 좀 비슷해서 쉬운 편이었어요. 저 같은 경우는 클로즈업
이나 눈으로 말하는 장면이 많은데, 그건 제 장점인 것 같아요. 대
신에 화술에서 좀 부족해요. 올해는 드라마를 두 편이나 해서 계
속 밝은 역할을 하고 있어요. 이런 역할은 스태프들도 재밌어 하
고 저도 덩달아 재밌어요. 연기가 쉬운 적은 없지만요. 죽을 때까
지 배워야 하지만 지금은 조금 못해도 용서가 되잖아요. 최대한
속히 다양한 작품을 하려고 해요.❞

과거에는 방송국의 공채를 거쳐 탤런트에서 영화배우로 진출하는 것이 대체적인 수순이었으나 요즘은 전공 여부와 상관없이 독립영화를 통해 연기를 시작하는 사례도 많습니다. 아이돌 가수로 데뷔해 틈틈이 연기 교습을 받고 배우로 전직하거나 겸업하는 경우도 꽤 많고요. 다른 생계 수단 없이 연기만으로 자신의 삶을 영위할 수 있는 (전업)배우의 수는 매우 적습니다. 오랜 시간을 연극 무대에 오른 이들이 스크린의 조연이나 단역을 마다하지 않는 이유는 그나마 출연료가 높기 때문이죠. 배고프고 겉만 화려해보이는 이 일이 매력적인 이유는 매번 똑같은 연기란 존재하지 않기 때문이 아닐까요? 한 장면을 여러 번 연기해도 매번 그 느낌이 달라지죠.

66새로운 작품 만날 때마다 쿵쾅거리는 무언가가 너무 좋아요. 이번에는 이 작품을 어떻게 요리해볼까 하는 생각들로 생기는 흥분, 연기는 그런 재미의 연속인 것 같아요. 일단 관객한테 뭔가 이야기를 한다는 것 자체가 굉장히 매력이 있잖아요. 연극으로 표현하자면 누군가는 얘기를 하고 누군가는 듣고 있는 셈인데, 스크린에서도 같은 이야기를 보고 듣고 느끼도록 하는 호흡, 배역이 가진 메시지를 전달하는 것. 절 계속 연기하도록 이끄는 건 그정도인 것 같아요.99[1]

---

1    월간《싱글즈》2014년 8월호, 배우 송새벽 인터뷰에서 발췌.

연기하는 동안 나 아닌 다른 이로 살 수 있다는 것은 배우에게 주어진 특권입니다. 자신을 부정하는 게 아니라 이미 가진 이미지와 캐릭터, 감정을 밑재료 삼아 다른 인격을 재창조하는 일은 다른 무엇과도 견줄 수 없는 짜릿한 경험인 동시에 어려움입니다. 자신을 발판 삼아 스스로를 넘어서야 하기 때문이지요. 아버지를 살인범으로 의심하는 딸을 연기하며 "세상에 미워할 수 있는 사람은 없다는 것을 알게 됐다"는 배우 손예진의 말처럼, 무엇보다 사람에 대한 애정 어린 관찰과 이해, 삶에 기반을 둔 분석이 필요한 전문적인 일이에요. 그렇기에 타고난 재능이 중요하긴 하지만 노력이 뒷받침되지 않으면 절대 인정받을 수 없는 분야이기도 하고요. 배우가 선보이는 다양한 캐릭터 중에 과연 진짜는 어떤 얼굴일까 하는 호기심 때문에 배우를 더 궁금히 여기는 것일 테지요.

해결해야 할 과제를 남겨두고 연기에 전념할 수 없던 까닭에, 그는 (배우치고는 일찍) 군대를 다녀온 후 치열한 오디션을 거쳐 첫 상업영화 〈방황하는 칼날〉의 범죄자 '두식' 역을 연기하고, 〈고교처세왕〉이라는 TV 드라마를 통해 자폐+코믹스러운 캐릭터도 선보였습니다. 이쯤 되면 정신없이 여러 현장을 오가고 있다고 봐야죠. 2008년 독립영화 〈장례식의 멤버〉로 데뷔한 뒤 주로 독립/저예산 영화만 벌써 10편 넘게 찍었으니 욕심이 많은 배우가 맞습니다.

66군대는 숙제 같아서 빨리 갔다 오는 편이 낫겠다 싶었어요. 보통 배우들은 좀 늦게 가는 편인데 지금 생각하면 되게 잘한 것 같아요. 제대하고 나서 지금 소속사에 들어가게 됐고요. 혼자 일할 때보다 스케줄 관리나 오디션 볼 때 무척 좋아요. 보통 비공개로 배우를 뽑기 때문에 공개 오디션을 하는 경우는 거의 없거든요. 처음엔 배우 커뮤니티에서 오디션 공고를 보고 지원했는데, 첫 작품이 잘되니까 그걸 보고 계속 연락이 오더라고요. ❞

결국 배우(혹은 소속사)는 자신의 얼굴이나 프로필, 출연작품을 많은 사람이 보게끔 해서 계속 기회를 만들어나가야 합니다. 데뷔할 때부터 소속사나 매니저가 있는 경우가 많지 않으니 더욱 개인의 노력과 실력이 중요해요. 자신의 다양한 얼굴을 보여줄 수 있는 프로필 사진 촬영은 실력 있는 사진작가와 하고, 작은 역할이라도 오디션 정보를 공유할 수 있는 인맥도 필요하지요. 결국은 자신이 자신의 세일즈를 해내야 합니다. 그러니 자신의 장단점, 어떤 연기에 강하고 어떤 역할에 최적화되어 있는지 객관적으로 보는 능력도 필요해요. 바로 이 지점이 배우 이주승의 탁월함이기도 하고요.

조금 일반화하자면 배우로서 재능을 타고난 이들과 노력으로 그것을 성취한 이들 중에 단언 이주승은 후자인 것 같습니다. 늘 아쉬움이 크기에 지난 작품은 애써 생각하지 않으려 하고, 연기에 만족한 적이 한 번도 없다는 그는, 한계까지 자신을 밀어붙이고 괴롭혀 캐릭터를 만들고 또 작품에 담아냅니다. 사람들이 좋아할 것 같은

편의점을 배경으로 한 독립영화 〈이것이 우리의 끝이다〉에 출연한 이주승

영화나 배역을 택하는 것도 아니고요. 지금껏 그가 맡은 역할만 봐도 알 수 있죠. 소설 한 편을 남기고 자살하거나 UFO를 보고 이상한 사건에 휘말리거나 아파트 복도에서 밤새 누군가를 지켜보는 소년, 심지어 〈방황하는 칼날〉에서는 10대 성폭력 사건의 가해자를 연기하기까지 했으니까요. 굉장히 '센 역할'을 많이 한 셈입니다. 그의 작품 선택 기준은 흥미로운 배역인가, 그리고 작품에 도움이 될 수 있는지가 전부입니다. 낯을 가리지만 연기나 공연을 준비할 땐 누구보다 적극적이고 에너지가 넘치는 편이고요.

66 저는 시나리오로 판단하고 결정한 적은 한 번도 없어요. 애초 대본이 별로라면 영화로 만들어지지 않았을 테니까요. 전 작품을 품평하는 입장이 아니고 그건 제가 판단할 수 없는 부분이라고 생각했어요. 캐릭터나 배역에 흥미가 있는지, 작품에 플러스

가 될까 하는 것만 생각했어요. 연기를 안 하고 그냥 인간 이주승으로 사는 건 무료하고 재미없어요. (웃음) 일을 안 할 땐 그냥 동네 친구들하고 노는 정도인데, 다른 데서 놀고 싶어도 서울 촌놈이라 길을 잘 못 찾아요. 오히려 촬영하면서 여기저기 많이 다니는데 〈셔틀콕〉은 로드무비라서 돌아다니는 재미가 있었어요. 99

자신 아닌 다른 인물이 되는 건 흥미로운 일이지만, 그 역할과 이별하는 일도 그만큼 중요합니다. 드라마는 후반부로 갈수록 일정에 쫓기면서 찍기 때문에 잠 잘 시간조차 사치로 여겨지죠. '링거 투혼'이니 하는 말은 절대 과장이 아니에요. 쪽잠 자는 시간만 빼고 극중인물로 살다가 작품이 끝나고 나면 감정을 추슬러 다시 자신으로 돌아오는 시간이 필요합니다. 배우 이주승은 쉼 없이 계속 연기만 했기에 마음을 잘 추스르는가 걱정이 될 정도로 연기에만 몰두해왔습니다.

좋은 연기란 정말 그 사람이 되는 것이 아니라(그럴 수도 없죠), 가장 진짜에 가까운 모습을 보여주어 그것이 가짜라는 걸 관객들이 알면서도 속을 수밖에 없게끔 만드는 것일 터, 배우는 '가장 진실한 거짓을 위해 끊임없이 노력하는 사람'입니다. 사랑해본 경험이 없다고 해도 멜로 연기를 해야 하고, 가슴 아픈 이별을 겪어보지 않았어도 자신의 이야기로 그것을 보여야 하죠. 메릴 스트립 같은 연기 고수도 배우자를 보내고 오열하는 장면을 찍을 때는 사랑하던 고양이를

제18회 부산국제영화제 넷팩
아시아영화진흥기구상 수상
제18회 부산국제영화제 시민평론가상 수상
제39회 서울독립영화제 독립스타상 수상
혼자선 연습도 못하는 첫사랑
너를 향한 마음의 포물선
셔틀콕
KOFIC AICIF
2014.4 이주승 김태용 공예지 • 이유빈 • KT&G 상상마당 • 영화진흥위원회 • 이남구 황금숙

떠나보낸 경험을 떠올리며 연기에 몰입한다고 합니다. 특정 상황에 처한 사람들의 반응이나 행동을 관찰하고 그 감정에 근접한 자신의 경험을 이용해 연기를 하는 것이죠. 이런 경험이 차곡차곡 쌓이면서 좋은 배우는 희로애락을 자신의 몸에 감각처럼 저장했다가 꺼내 쓰는 일이 가능해집니다.

> 66배우가 느끼는 것이 아니라 관객이 느끼는 것이 진실이에요. 극중에서 남편이 죽어서 우는 거라고 관객이 느끼면 그건 진짜인 거예요. 제 영화를 보면 고생해서 찍은 게 저 정도인가 싶어 계속 연기를 해도 되나 싶어요. 아무리 힘들어도 촬영할 때 모니터는 꼭 해요. 그래야 현장에서 스태프들도 한 번 더 확인하니까요. 어렸을 땐 열 번도 더 봤는데 지금은 작품 끝나면 뒤돌아보지 않아요. 슬럼프에 빠져본 적도, 작품 끝나고 마냥 쉬어본 적도 없고요. 99

이렇게 현장에서 다른 현장을 오가며 잔뼈가 굵은 그는 연극영화과 수업에서보다 현장에서 더 많은 것을 배웠다고 말합니다. 때로는 1년밖에 다니지 못한 학교가 그리워지기도 하지만요. 오디션을 앞둔 친구들이 조언을 구해오면 책을 권하거나 자신의 경험을 토대로 이야기해줍니다. 관건은 배역에 맞는 연기력은 기본이고 얼마나 다른 배우들과 차별화된 모습을 보여주느냐입니다. 연출자는 가장 흥미로운 피사체에 눈이 가기 마련이니까요. 경험이 쌓이면서 이제는 조금씩 객관적으로 자신의 모습을 보면서 연기할 수 있게 되었답니다. 또한 눈에 띄는 외모를 떠나서 오디션이라는 틀에 갇히지 않는 배우로서의 매력이 더해지면 금상첨화겠지요.

66감독들이 어떤 눈으로 배우를 뽑는지는 제가 많이 경험했으니까요. 오디션에서 연기를 너무 잘하려고 하는 친구가 많은데 '연기 잘하시네요'란 말을 듣는다고 해서 뽑히는 건 아니에요. 주어진 대본이나 역할을 보여주는 것 외에 자신만의 분석이나 생각이 필요해요. 절대 대본 안에 갇히면 안 되고, 새로운 시도를 하고 자신만의 연기를 보여줘야 해요. 해석이나 표현 방식이 재미있으면 뽑히는 것 같아요.99

이주승의 롤모델은 꼽기 힘들 만큼 많지만, 연기도 하고 대본도 쓰는 팔방미인 맷 데이먼, 어떤 연기도 자신만의 감성으로 보여주는 최민식, 그리고 평범한 마스크지만 역할마다 다른 얼굴을 보여주는 이성민(〈미생〉의 오 과장!)입니다. 평소 사람을 대할 때 마음을 잘 말하지 않는 편인데 눈빛이나 몸으로 표현하는 연기는 남보다 훨씬 잘하는 것 같아요. 브라운관을 통해 그리고 장·단편을 막론하고 스크린에서도 더 자주 만날 수 있을 듯합니다.

최근 개봉한 영화 〈소셜포비아〉에서 벼락스타가 된 변요한과 호흡을 맞춘 이주승

❝어렸을 때 태권도를 해서 액션 연기도 재밌을 것 같아요. 《럭키맨》이라는 만화를 좋아하는데 허약한 몸을 가진 히어로에요. 그냥 팔을 휘둘렀는데 맞아서 다 쓰러지고 하는 식으로, 뭐든 운으로 물리치죠. (웃음) 액션은 잘할 수 있지만 제 캐릭터에는 어울리지 않아서 근육을 키우거나 몸 관리를 특별히 하진 않을 것 같아요. 틈틈이 산을 타는 게 더 좋아요. 참, 거의 짝사랑만 해서 멜로 연기도 제대로 해보고 싶어요.❞

배우로 살아가고 살아남는다는 것, 배우를 꿈꾸는 것은 고행과 다를 바 없다고 느낍니다. 요즘 얼굴이 알려진 방송인 중에 '공황장애'를 앓는 이가 유독 많다는데, 악플과 정도를 넘어선 관심은 배우들에겐 정말 큰 스트레스입니다. 이미지/메시지 전달자로서 배우는 늘 새로워야 하는데, 대중은 어느 정도 고정된 이미지로 배우를 소비하고 싶어 하거든요. 배우이기 전에 한 인간으로서 자신의 욕구와도 타협하거나 넘어서야 할 때가 많습니다. 단지 연기하는 일이 직업일 뿐인데 알려진 사람(공인과는 좀 다른 의미죠)이란 이유로 사생활 침해 같은 일도 감내해야 합니다. 구설수에 오르지 않게 조심해야 하고 반대로 자신을 사람들이 몰라볼 때는 자존심의 상처도 입습니다. 그로부터 마음을 지켜낼 자신이 없다면 섣불리 시작하지 않는 편이 나을 정도로요.

꼭 전업으로 하지 않더라도 많은 무대와 자신을 펼칠 공간이 존재하니 배우로서의 삶을 조금씩 더 많이 경험해보고, 가슴 뛰는 무엇을 발견한다면 배우를 해도 괜찮을 거예요. 젊은 한때만 할 수 있는 일로 보기엔 인생은 충분히 길고, 시간의 흐름을 간직한 얼굴이 나중에 훨씬 빛이 날지도 모르니까요. 20년 넘도록 무명이던 배우가 중년에 접어들어 어느 날 갑자기 각광받는 일도 간혹 일어납니다 (이성민도 그런 경우죠). 이제 소년에서 막 청년으로 성장하기 시작한 이주승의 캐릭터가 과연 어떤 모습까지 진화할지, 배우로서 연륜을 더하며 폭과 깊이가 더해질 그의 모습을 기대합니다. 훌륭한 떡잎으로 '찜'해둔 배우가 이렇게 빨리 큰 무대에서 연기할 날이 올지는 몰랐지만요.

(인터뷰는 2014년에 했고, 이주승은 한 해 동안 일곱 작품을 소화하며 연기를 이어가고 있습니다.)

### 현역 연기 트레이너의 연기 노하우

## 굿 캐스팅

안지은 | 한권의책 | 2014

연기를 전공하고, 국립극단 단원으로 활동하다가 영화 연기를 가르치는 일을 하게 된 트레이너가 쓴 책. 실제 배우들을 가르치는 현장이 고스란히 담겨 있어 드라마와 영화 등 매체 연기의 입문서로 손색이 없다.

### 이주승 추천 필독서

## 명배우의 연기 수업

마이클 케인 | 지안 | 2009

카메라 앞에서의 연기 노하우부터 '전문 직업인'으로서 '배우의 프로페셔널한 자세'부터 실제 촬영 시 필요한 노하우까지 흥미롭게 설명하고 있다. 영국의 명배우 마이클 케인이 현장에서 습득한 연기 노하우가 빛나는 책이다.

## 유쾌발랄, 스타 배우와 조감독의 사랑

# 남자사용설명서

이원석 감독 | 오정세, 이시영 출연 | 2012
15세 이상 관람가 | 116분

배우가 주인공인 영화나 드라마는 많지만, 그중 제일 재밌게 본 작품. 허세 가득한 한류 배우와
연애도 제대로 못 해본 광고 조감독의 연애 처세(소위 밀당) 실전 혹은 뒤집기. 배우들의 캐릭터
소화력과 앙상블이 돋보이는 작품이다.

# 따뜻한 시선과
# 동반 성장의 동력으로
# 청소년 활동가를 키우는
# 인문학 공간

《Indigo》 편집장
**박용준**

인문학은
인간을 인간답게
대하는 세계를 만드는
뿌리 역할을 합니다.

인문학이 밥 먹여주는 세상
인디고서원

'인디고서원'은 부산에 있는 인문학 서점이자 교육·문화 공간의 이름입니다. 2004년에 만들어진 후 이 땅의 청소년들을 위한 다양한 독서·토론 교육을 병행하고 있습니다. 그간의 축적된 기록들을 각종 단행본을 비롯한 잡지 《인디고잉INDIGO+ing》과 《Indigo》를 통해 공유하고 있습니다. 인문학은 인간의 삶, 사유 양식, 문화를 위한 학문으로 사람이 살아가는 데 필요한 지혜를 망라합니다. 문학, 역사, 철학, 언어학, 미학, 예술 등 그 뿌리는 깊고, 그 품은 넓죠. 우리 사회에서 인문학조차 하나의 스펙처럼 여기며 내로라하는 사상가를 들먹이는 것이 한때의 유행처럼 사그라들 수 있겠지만, 일찍이 부산에서 청소년들을 위한 독서운동의 불을 지핀 인디고서원의 '독립' 정신은 어전히 유효합니다. 인디고서원에서 보낸 청소년기를 자양분 삼아 10년이 넘도록 이곳의 붙박이가 된 박용준 편집장의 이야기를 들어보았습니다.

'인디고 아이들' 출신으로
공동대표가 된 박용준 편집장

한국 사회에서 '배움'의 의미는 매우 좁게 받아들여지거나 쉽게 곡해되는 듯합니다. 청소년기에 배움의 의미가 진학이나 취업 등을 위해 성취해야 하는 것 정도로 여겨지기 일쑤니까요. 강압적인 규율 아래 암기나 점수 따기 위주의 스킬을 훈련하는 것이 학교의 목적으로 뒤바뀌었고, 학문의 전당이라는 대학에 진학한 다음에도 취업을 위한 각종 스펙을 갖추는 일에 더 오랜 시간을 보내야 합니다.

독서와 토론, 실험과 실습 등의 과정을 통해 학문의 즐거움을 깊이 맛보지 못하는 이유죠.

하지만 항구도시 부산에는 일찍이 대안 '학교'나 '학원'이 아닌, 꿈꾸는 청소년을 위한 인문학 공간인 인디고서원이 존재했습니다. 서울이 아니면 무조건 변방이 되어버리는 나라에서 독립을 상징하는 쪽빛('인디고'는 데님의 염료, 즉 푸른색을 의미함)을 표방하면서요. 이곳에서는 함께 책을 읽고 사유하며 토론하고 실천하며 꿈꾸는 아이들을 '인디고 아이들'[1]이라 부릅니다.

인디고 아이로 자라 이제는 후학들과 함께 성장하는 어른이 된 박용준 편집장은 어쩌면 하나의 아이콘이 아닐까요? 서울에서 학업을 마쳤지만 고향인 부산으로 되돌아와 인디고서원에 둥지를 틀었으니, 아마 이곳은 그의 인생에서 꿈과 희망의 진원지가 아닐까 싶습니다.

❝허아람 선생님과 처음 만난 때가 서원이 생기기 전인 1996년 경이었어요. 그 당시에 함께 책을 읽고 배웠던 기억이 납니다. 《자아를 잃어버린 현대인》《소유냐 존재냐》 등의 책을 무슨 의미인지도 잘 모르면서 읽었죠. 책만 읽는 것은 아니에요. 영화제에

---

1    인지심리학자 낸시 앤 태프가 쓴 《색깔을 통한 삶의 이해》라는 책에 소개된 개념으로, 1980년대 이후 출생한 독립적이고 창의적인 아이들을 가리키는 말에서 유래했다.

서 영화를 보기도 하고, 음악 공연을 함께 관람하기도 했죠. 그때 저는 중학생이었고, 허아람 선생님은 제 스승이셨는데, 지금은 함께 일하는 동료가 된 것이죠. 🙧

서울과 부산, 멀다면 멀고 가깝다면 가까운 거리를, 그는 학부와 대학원 재학 중에 셀 수 없을 만큼 오르내렸습니다. 인디고서원의 스태프라는 중책을 맡았기 때문이었죠. 평일엔 서울 서울, 주말엔 부산 정도가 아니라 일주일에 두 번 왕복하기도 했어요.

🙦청소년에게 주목하는 이유는 가능성 때문입니다. 가능성이 크니까요. 하지만 뭔가를 주입하려고 하지는 않아요. 무엇이든 가르치려고 하는 순간, 그 관계는 어그러질 수밖에 없으니까요. 내가 알고 있는 게 뭐고, 네가 알고 있는 게 뭔지, 그리고 서로 질문을 던지는 것이 왜 중요한지를 강조합니다. 내가 알고 있는 걸 일방적으로 얘기하는 게 아니라요. 그런 과정 속에서 아이들이 큰 성장을 이뤄내는 것 같습니다. 사실 삶의 주인이 된다는 것은 너무도 중요한 문제 아닙니까. 예를 들어, 수업을 진행하다 보면 어느 순간에는 아이들이 펑펑 울기도 합니다. 그만큼 아이들에게 주어진 삶의 무게가 버겁다는 것이겠죠. 청소년만이 아니라 청년이나 대학생들도 마찬가지입니다. 그런 고민들을 (인디고서원을 비롯한) 몇몇 공간에서 나누고 있긴 하지만, 저는 본질적으로 제도

*안에서 이런 부분들을 해결해줘야 하는 게 아닌가 하는 생각을 갖고 있습니다. 역설적으로 들리겠지만, 우리가 정말 바라는 것이 있다면 우리의 역할이 없어지는 것입니다.* **"**[2]

저는 인디고서원이 생겨난 이유, 지금 존재하는 의의와 앞으로도 존재할 당위성을 그의 입을 통해 명백히 알 수 있었습니다. 사람이 사람을 성장하게 하는 일이 본디 교육의 목적이건만, 오늘날 현실에서 이뤄질 수 없는 '이상'에 가까우니, 진정한 배움을 향한 욕구는 날로 더 절실해질 테니까요.

아이러니하게도 인디고서원이 자리한 남천동은 서울의 대치동에 비견할 만한 입시의 메카라고 합니다. 그럼에도 학원가 구석 한 건물에 둥지를 틀고 스스로 질문하고 사유하는 공부를 표방했던 서원은 이제 어엿한 붉은색 벽돌 건물을 쌓아올린 공익법인이 되었습니다. 2007년 둥지를 옮기며 신축한 본관은 가운데가 뚫린 '중정' 구조에 나무가 하늘로 뻗어나가고 있어 범상하지 않은 기운이 느껴집니다.

1층은 어린이 서적, 2층은 문학, 역사/사회, 철학, 예술, 교육, 생태/환경 등 여섯 부분으로 나뉜 서가가 있고, 3층은 서원의 핵심이

---

2    "〈인디고서원〉 박용준 편집장에게 듣다", 《오늘의문예비평》 92호(2014년 봄) 중에서 발췌.

인디고서원 신축 본관의 모습. 하늘로 뻗어나가는 나무의 기운이 느껴진다.

**1_** 카페 에코토피아 내 서고와 친환경 물품 매대
**2_** 붉은 벽돌과 자연광이 어우러져 따뜻한 분위기를 자아낸다.
**3_** 아이들이 잠시 쉬어가는 휴식공간

소통과 대안적 소비를 실현하는 공간, 카페 에코토피아

청소년 활동가들의 작업공간입니다. 지하에는 작은 공연장도 있습니다. 본관 맞은편 평범하게 생긴 건물엔 강의실이 있고, 그 옆 산뜻한 초록빛 건물은 친환경적인 먹을거리와 음료를 판매하는 카페 '에코토피아'입니다. 학원가 속 오아시스 같은 이곳에서 숨통을 틔웠던 청소년들이 제법 어른으로 성장했습니다.

    "제가 6기 출신인데 현재 24기가 공부하고 있어요. 한 기수에 60~70명씩 배출되는데 대안학교에 비견될 만큼 끈끈한 멤버십과 커뮤니티가 있어요. 서울로 진학하는 경우가 많고 졸업 후에도 서울에서 일하거나 활동하는 인원이 대략 열에 일곱 정도에요. 건물이 세 개니까 서울 같으면 규모를 유지하는 것조차 힘들었겠죠. 서점 운영으로는 전기세를 충당하는 정도지만, 공익법인이자 오프라인 서점이라는 상징성이 있습니다. 주된 수익원은 저술 활동과 인세 수입이고, 아이들 수업료는 실비 정도로 책정해 운영합니다. 그밖에 지자체 및 기관들과의 협력사업으로 충당하거나 정기후원자들과 잡지 정기구독자들이 있어요."

군이 따지자면 초·중·고 과정 포함 2000명이 넘는 아이가 이곳에서 학교에서 가르쳐주지 않는 것들을 배웠고, 자신만의 시각으로 세상을 바라보고 살아내는 법을 배웠다는 것은 참 굉장한 일이라고 생각합니다. 누군가는 이곳에서 자신의 의지로 처음 무언가를 배웠을 것이고, 인생의 중요한 순간을 함께할 동지를 만났을 것이며, 가르치는 사람과 배우는 사람의 관계를 떠나 인생의 중요한 지점들을 같이 넘어왔을 테니까요. 이러한 일은 구성원 모두의 '성장'이라는 동력이 아니고서는 불가능한 일이었을 겁니다. 여전히 많은 친구가 공부하고 싶어 서원으로 찾아드는 이유이기도 하겠지요.

> ❝적어도 '내가 공부 잘하기 때문에 명문대에 가서 취직 잘 하겠다는데 왜?'라거나 '내 돈 내가 벌어 쓰겠다는데 왜?'라고 말하지 않는 인간이 되어서 기뻐요. 만약에 제가 인문학을 만나지 않았더라면 정말 철저하게 내가 잘살기 위해, 나 혼자 잘나기 위해 공부했을 거예요. 그런데 무슨 일이든 나 혼자 잘나서 가능한 것은 없어요. 모든 것은 사회나 적어도 나를 둘러싼 사람들과 환경에 따라 충분히 달라질 수 있죠. 고등학교 때 '이 세상에서 살아남기 위해 공부'했다면, 인디고서원에서는 '살아가기 위해 공부한다'는 생각이 들었죠.❞[3]
> **청년 인문학 동아리 '인빅터스' 기획자 김상원**

살아가는 방향이 달라지면, 겉보기에는 비슷한 공부인 것 같아도 전혀 다른 효과를 낳죠. 내가 달라지면 우리가 달라지고, 언젠가 세상이 달라진다는 믿음은 인디고 아이들이 앞으로 살아낼 세상을 향

---

3    〈지금 여기, 우리들의 인문학 ─인디고서원의 청년들〉, 《빅이슈》 67호 중에서 발췌.

해서도 적용되지 않을까요. 처음에는 재미와 기쁨으로 시작했던 일들이 조금씩 주위의 공기를 변화시키고, 그것을 목도하게 되면 변화의 현장, 핵심으로 점점 더 다가가게 되죠. 그렇게 시작한 활동이 여러 청소년 활동가의 삶을 변화시키고, 운동movement의 차원으로 이어진 것도 당연한 수순으로 보입니다. 결국 '자발성'이야말로 작은 세상인 이곳, 나아가 더 큰 세상을 움직이는 동력이 아닐까요?

> ❝인디고서원은 옳은 가치를 추구하며 함께 소통하고 꿈꾸는 청소년들이 치열한 입시경쟁, 삭막한 사회 속에서 숨 쉴 수 있는 공간입니다. 전형에서 학력이나 성적은 불문, 글 한 장만 보고 선발해요. 전혀 의도한 바가 아니고 입시와 무관하지만 토론과 책읽기, 글쓰기를 병행하다 보면 성적이 좋아지는 사례가 빈번합니다. 입소문이 나서 경쟁률이 세진 경향도 있고요. 이곳에서 공부하면 학교나 학원에 소홀해진다는 이유로 많은 에너지를 쏟는 것을 반대하는 부모님들도 계시지만, 아이들 스스로 함께하고자 하는 의지 때문에 이어나가는 경우를 많이 봤어요. 그런 갈등을 넘어서는 것도 청소년들로서는 인생의 고비이자 성장의 지점이기도 합니다.❞

박용준 편집장 또한 서울에서 공부하는 6년이 넘는 세월을 인디고서원과 함께했습니다. 때로는 반복되는 질문을 맞닥뜨리기도 하

고, 늘 함께일 것 같았던 이들이 지치거나 떠나는 순간도 있습니다. 시급히 도래할 것 같았던 어떤 순간을 기다리는 마음이 조급해지기도 하고요.

서울과 부산을 바삐 오르내리며 10년 가까운 시간이 흘렀지만, 어떤 격차는 좀처럼 좁혀질 기미가 없습니다. 특히 문화 향유계층과 수준의 차이가 크다고 합니다. 처음에는 일종의 '문화적 충격'으로 다가올 정도로, 두 도시의 문화적 괴리는 상상 이상이었어요. 부산국제영화제 덕에 영화 도시라는 이미지가 있긴 하지만, 사실상 부산에서는 연중 접할 수 있는 공연이나 전시가 매우 제한적입니다. 상업영화 외에 다양한 영화를 접할 기회도 적지요. 서울에서 어느 정도 히트하거나 관객이 들어야만 볼 기회가 주어져요. 제2의 도시인 부산의 인구는 350만 명을 조금 넘겼는데(2014년 말 기준), 이는 서울의 약 3분의 1 수준으로 사실상 같은 생활권인 수도권을 포함하면 인구 면에서 크게 못 미치니 주요한 시장이 아닌 셈입니다. 다양한 장르의 공연을 여러 규모로 즐길 수 있는 서울에 비해 부산은 블록버스터 공연의 순회공연이나 소규모 독립 축제나 다양한 공연 기반 등이 두텁지 않은 탓에 문화예술인 대부분이 서울을 기반으로 활동하는 현실입니다.

그나마 부산이 확연히 나은 점이라면 저렴한 임대료와 유지비 덕분에 무리한 투자 없이 무모한 도전을 할 수 있다는 점입니다. 인디고서원이 10년 넘게 자리를 지킬 수 있었던 요인이기도 하지요. 서원으로서도 지속성에 대한 고민을 멈출 수 없는 까닭은, 이곳의 인적 자원을 포함한 여러 활동이 (10대 시절을 뺀다면) 생계와 무관하게 지속하기 어렵기 때문이겠지요.

지금까지 쌓아온 서원의 역사는 청소년 활동가들에게 빚진 부분이 큽니다. (허아람 대표는 지금 안식년 중이며) 전업 활동가 겸 교사가 6명, 학생 활동가가 7명으로 총 13명 정도가 거의 상주한다고 보면 됩니다. 2006년 가을 창간한 《인디고잉INDIGO+ing》은 청소년들의 목

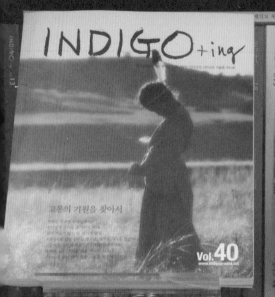

| 1 | 2 |
| 3 | |

1_ 서가에 놓인 잡지 《인디고잉》. 서원의 소식을 격월로 접할 수 있다.
**2, 3_** 연중 가장 큰 행사인 정세청세와 북페어 행사 모습

소리를 널리 전하기 위해 청소년 편집위원들이 주축이 돼 격월간으로 펴내고 있어요.

삶의 여러 본질적 문제에 대해 자유롭게 토론하는 행사인 주력 프로그램 '정세청세'의 경우, 2007년 부산에서 시작돼 전국 각지의 21곳에서 운영 중입니다. 기획부터 프로그램 운영 등 전 과정에 청소년 활동가들이 참여한다고 해요. 여름방학에 전국적인 토론 행사를 치르다 보니 휴가도 7월 말에 미리 같이 다녀오는 등 삶의 모습까지 같아질 지경이랍니다. 이렇게 청소년들과 만날 일이 잦으니 언제고 긴장을 놓을 수 없는 것이 서원에서의 활동입니다.

> 66논리적인 사고와 분석력, 비판적인 자세뿐만 아니라 따뜻한 시선도 그에 못잖게 중요해요. 자기만 옳다고 믿기 시작하면, 그런 자만을 아이들이 먼저 알아채기 때문에 긴장의 끈을 놓을 수가 없어요. 또 제가 활동하던 때와 달라진 점이라면 청년 인문학 연구소 '인크'나 '인빅터스' 등에서 활동하는 친구가 많아진 점입니다. 청년들과의 연대와 비전을 만드는 일을 앞으로 잘 해내고 싶어요. 오랫동안 꿈꾸어왔던 희망이 그들과 함께 이루어질 것이라고 믿습니다. 99

교육 관련 사업이나 연구 작업을 의뢰받기도 하고, 서울에서 찾아오는 이도 적지 않다고 합니다. 소통하며 새로 만들고, 또 이를 조금씩 바꾸어 지속가능하게 하는 것이 서원의 주요한 방식입니다. 국내에서는 이에 견줄 만한 공간이 존재하지 않는 형편이라 (굳이 찾자면 대안학교나 문화공간, 교육 관련 협동조합 등이 산재하고 있기는 합니다.) 해외 사례나 공간에 귀를 쫑긋 세울 때가 많아요. 박용준 편집장의 주된 업무인 강연이나 영문도서 번역, 국제 인문학 잡지 《INDIGO》 발간 작업은 그 연장선에 있는 셈입니다. 일하다 보면 각광받는 해외 석학들의 투고나 강연 같은 드문 기회를 가장 먼저 누릴 수 있다는 특권도 있지요.

> ❝공간이나 단체 운영에 관해서는 국내에 참고할 만한 사례가 거의 없어요. 지원을 받아 해외 연수를 다녀왔을 때 스웨덴의 청년 운동가들이 운영하는 채식 레스토랑, 노르웨이의 '청년정치캠프' 등에서 영감을 받았어요. 교육 실정이 크게 다르지 않은 일본이나 중국의 경우 상황은 비슷하지만, 새로운 형태의 사례는 많지 않았어요. 오히려 일본 학자가 와서 저희의 다양한 활동을 보고 놀라기도 했을 정도니까요. 어떤 면에서는 저희가 옳은 길을 가고 있다는 것을 실감하게 된 계기였습니다.❞

근래 인문학이 '뜨면서' 또 하나의 드문 스펙으로 인정되는 분위기지만, 그것이 영어, 연수 경험, 인턴십, 각종 봉사활동 등의 가장 상위에 있는 신종 지식 정도로 여겨져서는 곤란하다고 생각합니다.

기왕 인문학을 할 바에는 더 깊이 있는 자신만의 방식으로 소비하는 것이 어떨까 하는 것이 박 편집장의 바람이기도 합니다.

"대기업에서조차 인문학을 평가 기준의 하나로 도입하는 경우가 있더라고요. 없는 것보단 낫지만 표피적으로 소비하기보다 조금씩 깊이가 생기기를 기대합니다. 또한 이것은 막연한 기대로 끝나서는 안 될 일이고, 그 안에서 우리의 역할이 분명히 필요할 것이라고 생각해요. 인문학은 인간을 인간답게 대하는 세계를 만드는 뿌리 역할을 합니다. 경제성장과 경쟁구도는 우리 사회를 지나치게 비인간화하였습니다. 인문학은 분명 올바른 길을 제시하는 역할을 끊임없이 해나갈 것입니다. 그러면 우리가 늘 꿈꾸어왔던 인간적인 사회도 건설되리라 믿습니다."

(인터뷰는 2014년에 이뤄졌습니다.)

● 더 읽을거리 볼거리

연대와 실천을 위한 책임과 응답

## 새로운 세대의 탄생

인디고서원 | 궁리 | 2014

2014년 4월 16일, 세월호 참사가 우리에게 요청하는 바는 이 문제를 초래했던 잘못된 가치체계에 대해 철저한 반성과 그를 딛고 희망을 향해 나아갈 담대한 용기라고 생각합니다. 책임진다는 것은 문제의 상황에 대하여 제대로 응답하는 것입니다. 세월호 참사에 우리는 어떻게 응답할 것인가요? 새로운 윤리적 세대의 탄생은 그 응답의 하나입니다. 이 땅의 실천적 지식인들의 고뇌와 비전도 함께 담겨 있는 이 책을 통해 연대와 실천이 이어지길 기대합니다.

인간 존재의 위기를 들여다본 증언문학의 걸작

## 가라앉은 자와 구조된 자

프리모 레비 | 돌베개 | 2014

아우슈비츠에서 살아남은 프리모 레비의 유작인 이 책은 많은 질문을 던집니다. 도덕과 선, 수치심과 부채의식, 용서와 화해, 진실과 정의에 대하여 말이지요. 사회의 문제들은 개인의 탓이 아닐 수 있습니다. 하지만 그 속에서도 개인은 분명 다른 선택을 할 수 있습니다. 한 존엄한 개인의 영혼과 그 개인들의 연대는 시대의 부정의에 굴복하지 않고 다른 운명과 역사를 만들 수 있습니다. 현실이 아무리 우리를 괴롭히더라도, 결코 포기할 수 없는 진실과 정의를 향한 용기를 추구해야 할 것입니다.

\* 인디고서원 2014 추천도서에서 발췌

# 시간과 노동의 자연스러운 만남, 수작업으로 가죽과 교감하다

핸드메이드 잡화 브랜드 유르트

**강윤주 · 김영민**

가방 만드는 걸
가르쳐주고 싶어요.
집중해서 만들면
치유가 되고 좋다고 해요.

천연가죽의 멋을 살린
핸드메이드 잡화 브랜드

무언가를 만드는 작업은 만든 이의 시간과 노동, 그리고 땀이 담겨 있기에 단순히 돈으로 환산할 수 없다고 생각합니다. 필요한 물건을 만들어 쓸 때나, 나눠 쓸 때의 기쁨은 더욱 큽니다. 언젠가 작은 사고로 난생처음 뜨개질한 목도리를 잃어버린 후로 바느질이나 요리는 일상에 필요할 때만 했을 뿐 즐거움과는 거리가 멀었지요. 이전까지 청교도적인 사고를 갖고 있어서 소비＝사치에 가까웠고, '진짜 가죽'으로 만든 가방은 사본 적도 없었는데, 어쩌다 알게 된 디자이너의 작업실에서 단 하나뿐인 가방을 '득템' 했을 때 이상하게 뿌듯한 마음이 들더군요.

기왕 돈을 쓴다면 빈티지처럼 사연이 있는 물건이나 '얼굴 있는 거래(생산자와 소비자기 대면히거나 직거래에 가까운 구매)'를 하고 싶었거든요. 즉석식품과 천천히 조리한 음식의 맛이 근본적으로 다르듯이, 사람의 손을 거친 물건에 눈길이 가더라고요. 그 '자연스러움'의 집약체와 같은 브랜드, '유르트'는 만드는 이의 정체성과 손맛이 고스

튼튼하고 편하기로 유명한
유르트의 슈즈 코너

란히 녹아 있습니다. 엄마의 옷장 속에서 튀어나온 듯한 가방과 유독 튼튼해 보이는 수제화는 무엇보다 고유한 디자인이 담겨 있었어요. 강윤주, 김영민 두 디자이너가 만드는 브랜드는 두 사람의 일상 그 자체였기에 매일의 시간과 노동의 합이라고 할 수 있겠습니다.

## 천연가죽 본연의 힘

2013년 초 본격적으로 닻을 올린 유르트[1]는 강윤주와 김영민, 두

125

디자이너가 의기투합해 만든 브랜드입니다. 두 사람은 부부이자 서로의 부족함을 채워주는 동료로서 아날로그적 색깔을 유감없이 담아내는 멋진 파트너입니다. 김영민 대표는 신발 제작과 홍보 마케팅을, 강윤주 디자이너는 그 외의 디자인과 가방 제작을 도맡아 하고 있어요. 같은 의상디자인 학과 출신으로 익히 서로의 장점과 취향을 알고 있는 데다 전문 분야가 다르기 때문에 자연히 분업이 된 것이죠.

강윤주 디자이너가 일본에서 가방 디자인을 공부하고 한국에 들어와 2012년에 뜻을 모았답니다. 함께 브랜드를 론칭한 후 약소한 결혼식도 올렸습니다. 가로수길과 홍은동 매장을 거쳐 올해 초 이태원에 작업실 겸 쇼룸을 오픈했어요. 페인트칠부터 수리, 인테리어까지 그들의 손길이 닿지 않은 곳 없으니 부부의 응접실 같은 편안함이 있습니다. 정작 두 사람은 신혼의 단꿈은커녕 일하느라 바빴다는데, 내친 김에 집도 꾸밀 예정이라고요.

한국 사람의 손재주는 세계에서 손꼽히는 수준입니다. 기능올림픽에 나간 한국인들이 메달을 휩쓰는 건 새로운 소식이 못 됩니다. 하지만 획일적인 교육 탓인지 창의성은 그보다 못하다는 평이 많습니다. 내셔널 브랜드(백화점 등에서 판매하는 국산 브랜드)의 옷이나 가방은 대개 해외 유명 컬렉션을 참고한 (심하게는 그대로 카피하는 경우

---

1      YURT, 몽골의 이동식 가옥 '게르'를 의미한다.

도 있죠) 디자인이 많습니다. 가방의 주재료인 가죽의 경우 원재료는 상당 부분 수입하지만, 국내 가공업은 규모에 비해 품질이 괜찮은 편이라고 합니다. 국산 자동차 시트와 해외 유명브랜드에 납품하는 가죽의 상당수가 한국 업체가 만든 가죽이라고 해요.

합성이 아닌 천연가죽의 경우 가죽 자체에 남아 있는 동물성 성분과 수분을 제거하고 탄탄한 재질로 만드는 무두질을 거쳐야 합니다. 이때 크롬 등의 중금속을 사용하면 이른 시일에 결과를 얻을 수 있고, 찻잎에서 추출한 '타닌' 성분을 사용하면 자연스러운 가죽을 만들 수 있습니다. 후자인 '베지터블 가죽vagatable leather'은 사람의 손을 거쳐야 하기 때문에 소품종 생산이 이뤄지며 가격 또한 비싸게 마련이지요. 애초 이런 개념이나 단어조차 생소했다는 사실을 감안한다면, 베지터블 가죽은 점점 대중화 수순을 밟고 있는 중입니다.

> 66처음에는 국산 베지터블 가죽을 찾아서 사다 썼는데 수효가 적어서 직접 가죽을 생산하면서 이탈리아산 베지터블 가죽도 같이 사용하기 시작했어요. 지금은 가죽 수급 면에서는 수월해졌지만, 저희가 최소 수량을 맞출 수 있느냐가 관건이에요. 염색 가공법은 염료를 가죽원지에 스며들게 하느냐, 위에 덧씌우느냐로 구분할 수 있는데, 여기에서 가죽의 향방이 달라집니다. 타닌으로 무두질하고 염료를 스며들게 하는 가공은 애초 가죽의 상처가 잘 가려지지 않아요.99
>
> 김영민

자투리 가죽을 활용해 만든 작은 소품들

김영민 디자이너는 재단과 신발 디자인, 영업을 담당하고 강윤주 디자이너는 바느질과 재봉, 가방 디자인을 맡고 있다.

가죽은 동물의 피부이기 때문에 여러 겹으로 되어 있는데, 그중 어떤 면을 살려서 어떻게 가공하느냐에 따라 그 쓰임과 수명, 질과 단가가 확연히 달라집니다. 가죽 원래의 질감을 선호하는 이가 많아져 베지터블 레더의 위상이 높아졌어요. 가장 비싼 가방으로 꼽히는 이탈리아 브랜드의 최고급 가방에도 상처가 난 가죽이 쓰인다고 하니까요. 외관상의 가장 큰 차이는, 베지터블 가죽의 경우 동물에게 난 상처나 가죽의 홈이 다 가려지지 않아 굉장히 자연스러운 느낌을 준다는 것이고, 가공을 많이 할수록 인위적인 느낌이 더해진다는 겁니다. 광택 등 표면 처리를 많이 한 가죽의 경우 합성피혁인지 일반인들은 구별하기 힘든 것이죠. 유르트의 가방이나 소품이 질감을 잘 살려 자연스러운 이유는 첫째로 가죽의 차이, 둘째로 절개를 최소화해 소재가 돋보이도록 한 디자인과 가공의 차이에서 나옵니다.

> ❝저희 브랜드나 가죽의 특성을 알고 주문하는 분이 아니면 '불량'이라고 생각하는 분들도 많았어요. 일본 등에 수출하거나 다른 브랜드와 협업하는 경우에는 어쩔 수 없이 공장 시스템을 이용하지만, 그 외엔 아직 거의 전 과정이 핸드메이드라고 말할 수 있고 그래서 지금까지 올 수 있었던 것 같아요. 가방은 최소 수량을 맞춰야 생산할 수 있어서 처음엔 좀 힘들었는데, 지금은 어느 정도 구색을 갖추게 됐어요.❞
>
> 강윤주

유르트의 가장 큰 강점은 뛰어난 디자인과 품질을 유지하면서도 합리적인 가격에 각자의 취향에 최대한 가깝게 변형할 수 있다는 것입니다. 가죽만 구매해서 손으로 직접 재단해 제품을 완성하기에 소비자의 요구 사항을 반영할 수 있는 유연함을 갖추었기 때문이죠. 유르트가 지금까지 꾸준히 성장할 수 있었던 동력이 바로 이런 데 있는 게 아닐까 싶습니다.

비싼 값에 수입되는 소위 '명품 백' 중에는 합성가죽인데도 천연가죽보다 비싼 가방도 왕왕 있어요. 누구나 알 만한 백을 들면 재력을 자랑할 수는 있겠지만, 자신만의 고유한 취향을 보여줄 수는 없습니다. 그 때문인지 요즘엔 브랜드 로고를 아예 없애거나 티 나지 않게 처리하는 '로고리스Logo-less'가 하나의 패션 흐름으로 자리 잡았습니다. 유르트 역시 구매자가 원하는 곳 어디에든 로고를 넣거나 빼는 것이 가능해요.

가죽을 사용하는 직업의 특성상 생명을 죽이지 않는다는 신념은 희소해 보일지 모르지만, 친환경적인 베지터블 레더를 고집하는 이유는 동물보호 단체가 모피를 보이콧하는 까닭과 다르지 않습니다. 좋은 가죽을 쓰면 사람들이 알아봐주고, 가공을 덜한 가죽을 대중이 친근하게 여기는 데 일조하는 한편 제품을 만드는 사람의 건강도 해치지 않는 장점이 있습니다.

❝가죽을 쓰면서 계속 드는 고민이긴 해요. 우리나라에는 아직

없는 개념이지만, 이탈리아의 유명 피혁회사는 고기 때문이 아니라 가죽을 얻으려고 죽인 소의 가죽은 절대 쓰지 않아요. 소를 직접 잡아서 무두질해 가방을 만드는 건 아니어서 그 차이를 직접 느끼기는 어렵만지요. 가죽을 안 쓸 수 없지만 지금 저희가 사용하는 가죽은 합성피혁과 그 차이가 현격해요. 가죽이 만들어지는 과정 전체를 관심 있게 지켜보고, 가공 과정에서 오염 물질을 최대한 적게 배출하려고 노력해요. 저희가 할 수 있는 건 그 정도에요. **99**

김영민

**66**초창기에는 새벽까지 일만 했고 지금도 늦게까지 하니 나쁜 가죽을 쓰면 호흡기에도 해롭죠. 접착용 본드도 최소한으로 써요. 가공해서 표면을 덮은 가죽은 뿌려놓은 게 벗겨지면 흉해지는데, 천연가죽은 시간이 갈수록 오일 성분이 올라오면서 더 예뻐져요. 저도 엄마한테 물려받은 가방을 지금껏 쓰니까 사치라고 하긴 좀 그렇고요. 중국산 가죽은 더 질이 좋은 표면가죽 말고 아래쪽만 따로 쓰기도 하는데, 나쁜 가죽은 시간이 갈수록 갈라지고 벗겨져서 오래 쓸 수 없어요.**99**

강윤주

## 하나보다 둘이 좋은 이유

무언가를 만드는 일은 재료 선별부터 만드는 과정까지 모두가 결과물에 영향을 끼치기 때문에, 가죽을 다루는 두 사람이 세심한 주의를 기울이는 건 당연합니다. 24시간을 함께하는 두 사람이기에 매순간이 각자의 다름을 이해하고 맞춰가는 과정입니다. 20대 후반부터 학업과 요식업체 일을 병행하던 김영민 대표는 아무래도 경영적 마인드가 강합니다. 한편 어려서부터 디자이너가 꿈이었고 만드는 일이라면 누구에게도 뒤지지 않던 강윤주 디자이너는 '생활에 맞닿은 창작'을 지향하는 편입니다. 결이 다른 두 사람이 각자의 브랜드를 꿈꾸던 와중에 힘을 합치게 된 것이고, 서로가 충분히 경청하고 존중하며 맞춰갈 수 있는 상대라는 점에서 굉장히 좋은 파트너십을 유지하고 있습니다.

> 66저는 사람 만나는 걸 좋아하고 일을 잘 벌이는 스타일이고, 디자인은 아내가 저보다 훨씬 나아요. 의상디자인 학과에 다닐 때부터 그랬어요. 구두 외엔 굳이 제가 디자인할 필요가 없는 것 같아요. 하고 싶은 건 일단 다 하게 해요. 만약 안 팔리면 자연히 정리가 되니까요. (웃음)99
>
> 김영민

66일단 제가 쓰고 싶은 것을 만들어 써보고 나서 제품으로 만들어요. 그렇지 않으면 구매자들이 알아보세요. 한국에서 옷을 배웠지만 가방을 만들고 싶은 욕구가 충족되지 않아서 일본으로 유학을 다녀왔어요. 이미지나 그림으로는 만들고 싶은 가방의 느낌이 안 나더라고요. 아이디어를 그대로 만들 수 있게 가르쳐주고 종일 만드는 곳이라서 정말 원 없이 만들었어요. 지금은 사정이 좀 나아졌지만, 당시 한국에는 그런 학교가 없었어요. 회사가 많이 커지더라도 샘플은 물론이고 판매제품까지 손으로 계속 만들고 싶어요. 과정에서 배우는 게 많거든요.99

강윤주

알아보는 소비자가 늘긴 했지만, '가죽인데 베지터블이라니?' '어느 세월에 한 땀 한 땀 꿰매고 있어?' 하고 생각하는 이들에겐 참 바보처럼 보일 겁니다. 그래도 유르트는 좋은 가방을 만드는 브랜드로 꽤 널리 알려졌습니다. 시작할 때부터 고객이었던 이들은 지금도 여전히 유르트의 팬이고요. 단골들은 일본 수출차 기계로 만든 제품을 한눈에 간파한다고 합니다. 그러니 더 부지런히 가능한 많이 손으로 만들 수밖에요. 유르트는 한때 동대문의 '두타 디자이너 몰'에 입점한 적이 있지만, 느긋하게 고객과 수다를 나누는 이들의 작업 스타일과 달리 대부분 서둘러 쇼핑하는 외국 관광객이 많아 이태원에 쇼룸을 내게 되었어요.

❝처음에 작은 구두 공장 한편을 빌려 작업실로 썼어요. 공장의 기계를 사용할 수 있었기 때문에 기계 다루는 법과 실무를 익히면서 브랜드를 준비했어요. 월급 받던 때보다 아무래도 자기만족이 크지요. 명예욕이나 물욕이 없는 건 아니지만, 사람들을 만나고 반응이 좋을 때 만족을 느껴요. 직장인들은 만날 때려 치네 마네 푸념하잖아요. 정식으로 고용된 디자이너들은 그나마 낫지만, 노동력을 착취당하거나 일자리마저 얻기 힘들어 고민하는 친구도 많으니까요. 규모는 차차 늘리겠지만 저희 색깔을 유지하는 게 우선이라 브랜드 지향과 맞지 않는 제작 의뢰에는 응하지 않아요.❞

김영민

일반적으로 가죽 브랜드는 기존에 만든 제품이 상당 부분 팔리고 재고에 대한 부담이 덜해야 다양한 디자인을 시도할 수 있습니다. 땅값 비싼 한국에서는 쌓아두는 것 자체로도 돈이 드니까요. 이는 규모의 문제이기 때문에 판매를 늘려 다른 이의 손을 거치게 되어도 지금의 느낌을 계속 유지하는 것이 관건이겠지요. '생산량이 지나치게 늘면 어떡하지'는 아마 행복한 고민이겠지만요. 손으로 만든 제품의 가치를 알아주는 세상이 되면 유르트와 같은 다품종 소량생산 브랜드가 대량생산 브랜드를 일정 부분 대체할 것으로 보입니다. 웰빙이니 뭐니 하는 말은 한때의 흐름으로 지나갔지만, 같은 돈이라도 더 값지게 쓰고 싶다고 생각하는 이들이 적어도 줄어들지는 않을

두 사람이 손수 디자인하고 인테리어한 쇼룸의 모습

거예요.

유르트의 시그니처$_{signature}$[2] 아이템, '크로와상 백(빵 모양을 닮았다고 해서 붙은 애칭)'의 경우 한 장의 패턴으로 재단한 뒤 손바느질로 만듭니다. 절개를 최소로 하니까 모양을 잡아주려고 넣는 심 등의 부자재가 들어가지 않아 가볍다는 장점이 있어요. 다른 브랜드는 가죽을 아끼려고 절개를 많이 하고 모서리나 바닥에 형태를 잡기 위해 딱딱한 재료를 넣기 때문에 무겁거든요. 재단을 많이 하면 6개 분량이 나오는 이탈리아산 베지터블 가죽으로 유르트에서는 2개밖에 만들 수 없어요. 그러면 가죽이 아깝지 않느냐고요? 남는 가죽으로는 팔찌 같은 액세서리를 만들기 때문에 버려지는 가죽은 별로 없다고 합니다.

66절개를 하면 전체 실루엣이 많이 달라지거든요. 저희 가방은 각진 데 없이 '몽글몽글한 느낌'이라고 해요. 빈티지 프레임 가방은 엄마가 쓰던 똑딱이 가방 같은 느낌으로 만들었는데, 이미 정해진 프레임에 다양한 가방을 응용하는 일이 제일 재미있어요. 전 다른 욕심이 전혀 없고 취미가 곧 일이에요. 아침마다 계속 생각할 정도로 좋아하는 일을 하면서 돈도 벌고 생활도 하니까 스

2    서명 혹은 특징이라는 뜻에서 파생되어 브랜드의 대표 아이템이나 패턴 등을 일컫는 용어. 재클린 케네디가 애용해 인기를 끈 '재키 백'은 이탈리아 브랜드 구찌를 대표하는 숄더백이 되었다.

트레스가 전혀 없어요. 컬렉션[3] 디자이너 밑에서도 일해봤지만, 지금이 더 만족스러워요. 💬

한동안 인구에 회자했던 '열정 페이'라는 말처럼 일은 많이 하는데 최저 임금에 미치지 못하는 패션계의 열악한 상황이 떠오르기도 했습니다. 종일 가방을 만들고 사람을 줄곧 상대해야 한다면, 정말로 그 일을 좋아하지 않고서는 계속 해오기 힘들었겠죠. 유르트의 두 분은 적은 수의 인원과 함께 일하기에 의존도를 줄이는 것이 관건입니다. 각각 30대 중반과 후반의 나이라 올해를 넘기면 아이 갖기도 힘들지 않을까 고민도 한다고 해요. 현재로는 육아에 쏟을 시간이 없지만, 지금껏 기반을 다졌으니 불가능하지는 않을 것 같답니다. 지금이야 이동식 가옥에 사는 유목민의 삶보다는 바쁜 도시인의 삶에 가깝지만, 가능한 직접 음식을 만들어먹고, 일을 마친 후 좋은 이들과 술 한 잔 하는 게 낙인 평범한 부부에게서 소박함을 느낄 수 있었습니다.

💬가로수길 매장 뒤에 방이 있었는데 간이주방을 만들어서 파티하듯이 지냈어요. 음식 만드는 것도 좋아하거든요. 동료가 더 필요하긴 한데, 손으로 만드는 일에 자부심을 가진 사람이 잘 없어

3    일류 디자이너들의 신작을 선별해 발표하는 곳.

크로와상 백의 제작 과정

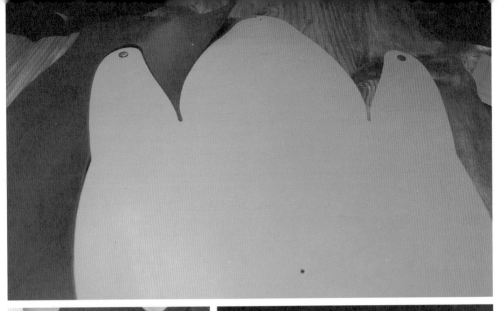

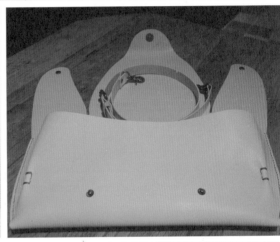

요. 디자이너를 구해도 왜 일일이 만드느냐고 하더라고요. 디자인적인 안목을 갖추고서 만드는 걸 좋아하는 동료를 찾기가 쉽지 않아요. 저는 굉장히 신중한 편인데, 못 보는 면을 챙겨주는 파트너가 있어서 그나마 다행이지요. 일단 안정적인 팀을 만드는 것이 목표고, 또 제가 배우고 익힌 것을 나누는 강습도 해보고 싶어요. **99**

강윤주

**66**지금은 온라인 사이트까지 저희가 맡아 하고 있는데, 규모가 커져도 정체성을 유지할 수 있으려면 팀이 필요해요. 업무 분장이 되면 정시퇴근도 가능해지겠죠. (웃음) 아마도 평생 브랜드를 만들어가는 과정이겠지만, 지금 저희가 쏟는 에너지가 100이라면 50 이하로 신경을 덜 쓸 정도가 되면 후배나 일반인을 가르치고 싶어요. 일전에 가로수길에서 몇 달간 시간을 쪼개 강습을 했는데, 그때 수강하신 분이 얼마 전에 자신의 브랜드를 만들었다고 하시더라고요. 집중해서 손으로 뭔가를 만들면 치유가 되고 좋다고들 하세요. **99**

김영민

언제가 될지는 모르지만 아마 저처럼 손으로 만드는 걸 좋아하는 사람들이 유르트에 참새 방앗간 가듯 드나들지 않을까 싶어요. 단순해보이지만 크거나 작은 부분에서 자신만의 창의성을 발휘할 수 있고, 잡생각이 줄면서 평소에 잘 쓰지 않던 두뇌를 사용하거든요. 손뜨개를 즐겨 하는 북유럽 지역의 치매 발생률이 현저히 낮은 것도 그 덕분이라고 하니까요. 유르트의 두 디자이너는 일일이 손으로 바르고 매만져 가정집을 매장으로 개조한 과정을 블로그(blog. naver.com/yurtstudio)에 짬짬이 기록해두었습니다. 차근차근 직접 만들어나가는 것의 가치는 결과물 안에 오롯이 담겨 있다고 생각합니다. 희소성과 독특한 매력이 있는 유르트 덕분에 천천히 만들어가는 행복을 다시 깨닫게 되었습니다.

(인터뷰는 2015년 봄에 이뤄졌습니다.)

초보자도 쉽게 따라 할 수 있는

## 자연주의 이지웨어

노기 요코 | 스위치북 | 2014

일본의 의류 브랜드 '요코 노기YOKO NOGI'를 운영 중인 디자이너가 직접 알려주는 쉬운 옷 만들기 방법. 재봉이나 복잡한 바느질, 패턴 없이 손쉽게 26벌의 옷을 만드는 과정을 세세히 알려준다. 몸을 아름답게 보이게 하는 옷이 아니라 원단 자체를 살려서 만드는 편안한 옷이다. 바느질에 익숙해져 자신이 붙으면 차츰 어렵고 복잡한 핸드메이드에 도전할 수 있게 해준다.

명품 백으로 성공한 이의 모험담

## 에르메스 길들이기

마이클 토넬로 | 마음산책 | 2012

세계에서 가장 긴 '웨이팅 리스트(구매 희망자 명단)'을 보유하고 있으며 돈이 있어도 아무나 살 수 없는 백, 유명배우의 이름을 딴 '버킨백'에 얽힌 이야기. 지은이는 광고 에이전시를 운영하다 바르셀로나로 이주했지만, 일이 무산돼 위기에 처한다. 우연히 인터넷 경매로 판 에르메스 스카프 덕분에 소위 '리셀러(물건에 이윤을 붙여 되파는 직업)'가 된다. 세계를 여행하며 백과 명품을 사고, 유명인들과 거래하며 베스트셀러 작가로 등극한다. 커밍아웃한 게이이자 블랙리스트에 올라 리셀링은 그만뒀지만, 명품 산업 이면에서 꾸려온 삶의 이야기는 매우 흥미롭게 다가온다.

착하고 아름다운 물건을 만드는 사람들

## 런던의 착한 가게

박루니 | 아트북스 | 2013

잡지 에디터 출신으로 영국에 체류 중인 작가가 현지의 공정무역 브랜드, 리사이클링 디자이너, 소비자가 주인인 협동조합 슈퍼마켓 등 13곳을 탐방한 기록이다. 유명배우 엠마 왓슨이 공정무역 의류 브랜드인 '피플트리'의 모델이자 자원 활동가로 일하기도 했다고. 디자인적인 수준이 높고 플리마켓 등 빈티지가 일상화된 영국에서 지속가능한 패션-소비-생산의 방식을 엿볼 수 있게 해주는 인터뷰집. 국내에서 접하기 어려운 다양한 아이템이 소개되어 있어 보는 재미도 쏠쏠하다.

땀방울의 크기만큼
멋진 퍼포먼스,
춤을 향한 무한한 열정으로
# 댄서들의 모델이 되다

팝핀댄서
**팝 핀 제 이 · 크 레 이 지  쿄**

댄서로서
나이드는 모습,
멋지게 살아가는 모습을
계속 보여주고 싶어요.

## 노력으로 꽃피운 팝핀댄서 듀오
## 블루 웨일 브라더스

드라마나 케이팝으로 대표되는 한국의 대중문화가 '한류'란 이름으로 위세를 떨치고 있습니다. 그와 함께 양적, 질적으로 가장 성장한 것은 한국의 댄스 신scene이라고 봐도 과언이 아닐 겁니다. 그럼에도 춤은 아직 주류가 아닌 하위문화로 여겨지기 때문에 댄서들의 성취는 크게 주목을 받지 못하는 편입니다. 10년씩 춤을 춰도, 다른 생계수단이 없으면 삶을 유지하기조차 힘든 것이 댄서의 현실입니다.

그중에서도 발레나 현대무용 등 '순수무용'의 대척점에 있는 춤이 스트리트 댄스라고 할 수 있겠습니다. 클래식 음악이 아닌 재즈나 힙합, 팝 등 대중음악에 맞추어 추는 춤으로 봐도 큰 무리는 없습니다. 스트리트 댄스는 스튜디오가 아닌 뒷골목에서 춘 것에서 그 유래를 찾을 수 있을 듯합니다. 정식적인 교육보다는 길거리에서 서로의 역량을 겨루며 경쟁하는 과정을 통해 실력을 쌓기 때문에 '배틀'이란 형식이 크게 작용합니다.

스트리트 댄스는 많은 하위 장르를 포함하고 있고 경계가 뚜렷하

팝핀제이

지 않지만, 크게는 비보잉, 팝핑, 락킹, 왁킹 등의 '올드스쿨' 장르와 프리스타일 힙합, 하우스, 크럼핑 등의 '뉴스쿨' 장르로 구분할 수 있습니다.[1] 1970년대 이후 미국의 흑인과 히스패닉의 펑크, 힙합 문화에서 유래한 춤으로, 한국에는 1990년대 후반부터 알려지기 시작했습니다. 2000년대 들어 한국 비보이(비보잉 댄서)들이 세계에서 주목을 받고 난 이후부터 국내에서도 마니아들을 중심으로 향유되고 있습니다.

다양한 스트리트 댄스 가운데 팝핀poppin은 쉽게 말하자면 '각기'

---

1    위키백과, '스트리트댄스' 항목 참고.

라고 부르는 관절 꺾기 춤의 세련된 버전이라고 할 수 있습니다. '팝 핀현준'이 처음으로 이름을 알린 팝핀댄서라면, 여기서 소개하는 '블루 웨일 브라더스'는 그 계보를 잇는 본격적인 1세대라고 할 수 있는 팀입니다. 블루 웨일 브라더스는 오디션 프로그램 〈코리아 갓 탤런트〉 시즌2(2012)에서 우승을 거머쥐어 안무가로도 행보를 이어 가는 댄서들의 롤모델이기도 합니다.

**한순간도 그만둘 수 없었던 춤**

**vol 1. 팝핀제이(이재형)**

블루 웨일 브라더스의 멤버 팝핀제이는 최초의 본격적인 댄스 오디션 프로그램 〈댄싱9〉 시즌1(2013) 심사위원으로 활약하면서 냉철한 분석력이 돋보이는 심사로 주목을 끌었습니다. 큰 키, 마른 체구에서 나오는 강렬하면서도 리드미컬한 그의 팝핀은 사람들의 감탄을 자아냅니다. 자신이 그러했기에 그 누구보다 노력과 예의를 중시하는 팝핀댄서입니다. 그는 춤을 추기 시작한 지 16년째, 부산에서 활동하다 갈증을 느껴 서울로 상경했어요. 그는 개인 자격 혹은 파트너인 크레이지 쿄와 더불어 수많은 대회에 참가한 경험이 있는 세계 챔피언이자 댄싱 프로그램 심사위원으로도 활약하고 있기에

누구보다 경쟁구도의 힘겨움을 잘 압니다. 그것을 넘어서는 이야말
로 진정으로 춤을 즐길 줄 아는 사람이라는 것도요.

> ❝막연하게 춤으로 먹고 살아야지 한 건 고등학생 때부터고, 20대
> 초반부터 공연하면서 조금씩 돈을 벌었어요. 그땐 어리기도 했고
> 어떻게 생활을 꾸려야 할지 몰랐죠. 춤만 잘 추면 어떻게든 되지
> 않을까 생각했는데, 외국 댄서를 보니까 최고가 되면 초청받아서
> 워크숍을 하고 대회에 참가하면서 살 수 있겠더라고요. 춤을 포
> 기하고픈 때는 없었어요. 하루는 저를 많이 아끼던 댄서 형이 손
> 을 잡고는 '이 길이 아닌 것 같으니 그만둬라'고 하더라고요. 그런
> 데도 악착같이 했어요. 집에서 쫓겨나기도 하고 집까지 왔다 갔
> 다 하는 시간이 아까워서 4년 정도 연습실에서 살았어요. 밥 먹
> 는 시간, 자는 시간도 아까워서 밥도 대충 때우면서 매일 20시간
> 씩 연습했어요. 그러니 제 춤이 느는 걸 사람들이 먼저 알더라고
> 요. 춤은 타고난 센스로 추는 거라고 알고 있었는데, 노력해서 되
> 니까 더 악착같이 했던 거예요.❞

그는 함께 춤추던 이들조차 혀를 내두를 만큼 지독한 연습벌레였
습니다. 처음부터 잘 추었다면 고생을 덜했을지 모르지만, 춤이 빨
리 늘지는 않았답니다. 그래도 포기할 수 없었던 건 춤 실력이 분명
나아지고 있었고, 무엇보다 춤출 때 정말 즐거웠기 때문입니다. 먹

2013년 중국에서 열린 KEEP ON DANCING 대회 한국 예선전 게스트로 공연하는 모습

는 시간, 자는 시간까지 쪼개가면서 연습에 몰두했지요. 경제적 지원은 꿈도 꾸지 못해 주머니는 늘 얄팍했지만, 돈 쓸 일이 별로 없어 조금씩 돈을 벌기 시작하면서부터는 최소한의 생활을 이어나갈 수 있었습니다.

당시에는 댄서가 되기 위해 대학에 진학할 이유가 없었고, 공부도 잘하지 못했습니다. 하지만 지독한 춤벌레로 사는 사이에 마니아들을 중심으로 조금씩 그의 진가를 알아보는 이들이 생기기 시작했습니다. 관절을 잘 꺾고 신기한 움직임을 보여줘야 열광하던 사람들이 조금씩 음악의 흐름에 조응하는 그의 움직임에 매료되기 시작한 겁니다. 기본기에 해당하는 테크닉을 습득한 뒤에는 남과 다른 표현, 음악의 느낌과 정서를 잘 전달할 수 있다는 점이 팝핀댄스가 갖고 있는 매력이거든요. 이야기의 흐름이 있는 움직임, 음악과의 접점을 표현하는 것이야말로 춤의 백미라는 사실을 그의 춤은 유감없이 보여주었습니다. 덕분에 그의 파트너 크레이지 쿄와 함께 각종 대회에 참여하며 해외에서 먼저 인정받을 수 있었습니다. '팝핀 세계 챔피언'이라는 타이틀도 자연스럽게 따라붙었고요. 팝핀댄서의 선구자인 팝핀현준의 뒤를 이어받은 댄서들이기 때문에 사명감으로 몸을 아끼지 않고 춤을 춰온 것이기도 해요. 댄서를 직업으로 향유할 수 있게 된 건 스트리트 댄서들의 피와 눈물과 땀 덕분이라고 해도 과언이 아닙니다. 그 혹독한 시간을 버텨왔기에 지금의 위치에 올라설 수 있었던 것이고요.

**66**초창기에 같이 춤췄던 댄서 중에 남아 있는 친구들이 없어요. 거의 저희뿐이죠. 그 세월을 견디지 못하고 떠난 사람들이 있는데, 저희는 이거 아니면 죽는다는 마음으로 목숨을 바치다시피 했기 때문에 아까워서라도 그만둘 수 없었어요. 상황이 안 좋을 때도 노력이 부족한 것뿐이라고 생각하면서 계속한 거죠. 우리가 못하면 누군가가 댄서로서 인정투쟁을 해야 하는 것도 싫었어요.**99**

댄스 오디션 〈댄싱9〉에서는 여러 차례 경합하는 댄서들을 평가하기 때문에 그들의 상태가 어떤지, 제 기량을 보여주었는지, 어떤 잠재력이 있는지 한눈에 알아볼 수 있습니다. 팝핀제이는 타고난 댄서가 아니라 노력형 댄서였기 때문에 특히 그런 점을 잘 간파합니다. 평소 온화하지만 심사할 때는 굉장히 냉철한데, 이 모습에 팝핀 댄서들이 서운함을 토로했다고 해요. 스트리트 댄스 자체가 마이너지만 그중에서도 소수 장르인 팝핀을 추는 어려움을 알기에 그는 도전하는 이들이 더더욱 제대로 된 무대를 통해 승부하길 기대한 것이죠. 춤을 춘다는 이유로 '문제아'로 찍히거나, 잘못 없이 매를 맞기도 하는 열악한 환경에서 춤을 춰왔고, 지금도 상황이 그다지 많이 나아지지 않았음을 알기 때문에, 비록 심사위원으로 지위는 바뀌었을지 몰라도 경연에 참여하는 댄서들의 마음을 고스란히 느낄 수 있습니다. 그러니 심사하는 도중 눈물을 흘리거나 격하게 공감할 때도 있는 거겠죠.

66 저는 냉정함이 심사위원이 갖춰야 할 최고의 덕목이라고 생각해요. 아는 친구라고 따로 조언해주지 않고, 있는 그대로 평가해서 '팔이 밖으로 굽는다'는 욕을 많이 먹었어요. 하지만 누가 보더라도 탁월한 실력을 보여줬을 때 제가 칭찬하는 것이 좋은 그림이라고 생각했어요. 스트리트 댄스는 배틀 과정이 다 '리얼'이거든요. 다음에 누구와 대결할지, 어떤 음악이 나올지 전혀 알 수 없고 끝나면 바로 승패를 알 수 있어요. 순간적으로 결정하고 판단해야 기준이 흐트러지지 않기 때문에 똑같은 댄서로 보려고 노력한 거예요. 99

그는 평소 장난기가 많고 활달한 편인데 춤추면서 성격이 변한 것이라고 합니다. 어렸을 때는 춤도 상당히 어두운 스타일이었는데 지금은 굉장히 밝아졌고요. 춤이 잘 안 될 때가 제일 힘들다는 그는 언제까지나 멋있는 댄서로 기억되고 싶다는 꿈을 꾸고 있습니다.

66 방송을 통해 사람들 곁으로 다가가니까 후배들이 춤춘다는 이유로 이상한 사람이 안 되는 것 같아 기뻐요. 조금 더 관심을 두고 지켜볼 수 있게 되었다는 사실 자체가 정말 좋고 기뻐요. 댄서로서 살아가는 모습을 계속 보여주고 싶어요. 댄서로 평생 사는 것, 시간이 지나도 멋있는 댄서로 기억되고 싶어요. 99

## 댄서를 향한 일념으로 버텨낸 삶

## vol 2. 크레이지 쿄(김광수)

크레이지 쿄, 그는 팝핀제이의 오랜 동료이자 최고의 파트너인, 제대로 '춤에 미친' 동갑내기 댄서입니다. 그 역시 댄서의 꿈을 꾸게 된 건 고등학교 때로 거슬러 올라갑니다. 처음부터 팝핀댄서로 시작한 게 아니라 가요에 맞춰 추는 방송댄스, 힙합이나 다른 춤들을 추기 시작했다고 합니다. 남들은 진학을 고민하는 고3 수험생 시기에 과감히 학교의 틀을 박차고 나와 춤에만 전념하며 댄서로서의 첫 걸음을 내디뎠으니 시대를 앞질러 간 셈이죠.

66당시 사람들한테 보이는 건 백댄서뿐이라 춤이 직업으로 인정 못 받을 때였는데, 전 그냥 댄서가 되어야겠다는 생각이 들었어요. 매일 새벽까지 연습을 하고 학교에 가서 수업 시간에 자고 해서 많이 혼났어요. 진로 상담을 하다가 춤으로 성공하겠다고 진지하게 얘기했더니 절 믿고 밀어주시더라고요. 4교시 수업만 마치고 연습하라고 특기생으로 등록해주셨어요. 오후에 자고 새벽 연습하러 가고. 그러다 학교 그만두려고 하니까 부모님이 반대하셔서 처음으로 집도 나갔어요. 가출 이틀째에 선생님이 오셔서 결국 자퇴서를 써주셨어요. 졸업을 한 달 남겨두고 학교를 그만

크레이지 쿄

됐어요. 군대 가면 2년 넘게 춤을 못 추는데, 학력 미달이면 공익
근무하면서 계속 춤을 출 수 있거든요. 집에 손 벌리지 않겠다고
선언하고는 정말 한 푼도 타서 쓰지 않았어요. 8만 원을 벌어도
그걸로 한 달을 살았어요. 차비까지 아껴가면서 진짜 독하게 살
았죠. 🎔🎔

그는 '알아서 하라'며 내버려둔 부모님 덕분에 춤에 전념할 수 있
었고, 서른을 훌쩍 넘겨 검정고시를 패스했습니다. 심사위원으로
해외에서 초청받아 다닐 즈음부터는 '자랑스러운 아들'이 되었습니
다. 20살에 춤 레슨을 시작해서 13년 차 정도 되니까 사람마다 어떻

게 가르쳐야 할지가 보인답니다. 남을 가르치면서 스스로 정리되고 성장한 부분도 있고요. 안타까운 점은 춤에 재능이 있어서 빨리 느는 친구들이 좋은 댄서로 성장하는 경우가 오히려 많지 않다는 사실입니다. 팝핀제이와 크레이지 쿄 두 사람의 말처럼 춤에 쏟아부은 땀과 열정, 시간은 어쩌면 댄서의 성취와 비례하는 것 같아요. 학교에서 배우는 지식 혹은 지혜만큼 몸으로 깨우친 성취도 소중한 것이죠. 쉽게 얻은 것보다 힘들게 얻은 것을 더 귀하게 느끼는 건 당연하니까요. 지금이야 인터넷으로 손쉽게 훌륭한 댄서들의 움직임과 가르치는 법을 찾을 수 있지만, 당시에는 큰돈을 들여 외국으로 댄서들을 만나러 다녀야 했습니다. 그런 그가 단언할 수 있는 건, 자신이 그랬듯 '몸치' 소리를 듣는다 해도 10년, 20년을 하면 꼭 된다는 겁니다.

&#102;&#102;처음에는 남들처럼 가요 춤도 따라 추고 비보잉이나 힙합도 춰보고 그랬어요. 피플크루의 리더 형이 팝핀을 처음으로 일본에서 배워왔어요. 처음으로 시작한다는 점에 끌려서 배우게 된 거죠. 팝핀에도 두 가지가 있는데 몸을 뒤집어서 꺾거나 하는 테크닉적인 스타일하고 음악과 하나가 되는 리드미컬하고 디테일한 스타일이에요. 보통 사람들이 환호하는 건 전자인데, 이건 많이 보면 질립니다. 후자는 음악과 잘 어울리게끔 사운드 효과나 음악의 분위기를 팝으로 표현하는 거예요. 그런 점에서 다른 스트

리트 댄스보다 월등히 뛰어난 표현이 가능한 것이 팝핀의 매력이에요. 테크닉 위주의 팝핀댄서는 느낌 표현을 잘하지 못하죠. 99

크레이지 쿄 역시 댄서로 사는 삶에 위기가 없었던 건 아닙니다. 25살 때 잠시 외유를 한 적이 있었으니까요. 한 달 정도 웨이터 일을 하고 동대문 새벽시장에서 짐도 나르고 하다 보니 오히려 춤을 춰야겠다는 마음을 다잡을 수 있었답니다.

66 돈을 벌러 가보니까 못 벌어도 마음이 행복한 편이 낫겠더라고요. 친구들이 200~300씩 벌 때 저는 겨우 100만 원 벌었는데, 하고 싶은 일이기 때문에 스트레스를 선혀 안 받았어요. 소수에 새우깡 먹고 사고 싶은 거 안 사도 춤추는 게 좋았어요. 현실적으로는 춤추는 데도 돈이 필요하고, 다른 일과 병행해야 생활이 되지요. 드문 경우긴 하지만 하고 싶은 일로 돈을 버는 게 행복했어요. 수입이 거의 없었는데 5년 지나니까 30만 원 늘고, 10년 지나니까 150만 원이 됐더라고요. 좀 더 하면 되겠다는 희망과 자신이 생겼어요. 주위 사람과 비교하거나 욕심이 생기면 춤을 오래 출 수가 없어요. 춤추면서 행복한 순간을 잊어버리고, 남들처럼 입고 싶은 거 입고 먹고 싶은 거 먹으면서 사는 거죠. 99

행복해지기 위해 무언가를 꿈꾸고 있다면 섣불리 남과 비교해서

는 안 됩니다. 특히 경제적인 잣대로는요. 비교는 불행의 지름길이
기 때문입니다. 하고 싶은 일을 접어두고 남들처럼 열심히 공부해
서 풍족해지거나 전문직에 종사하게 되더라도 마음의 공허함은 어
쩔 수 없을 겁니다. 춤추는 이들이 돈벌이할 생각으로 춤을 추는 건
아니겠지만, 요즈음 챔피언급 댄서나 오디션 우승자는 웬만한 직장
인들보다 많은 돈을 법니다. 다만 그럴 가능성이 아주 낮고, 그 시기
를 예측할 수 없으니 경제적 보상을 바라고 할 수는 없는 일이겠지
요. 따라서 걱정 없이 춤만 출 수 있는 팝핀댄서의 수는 손꼽을 정도
밖에 되지 않습니다. 팝핀을 추는 댄서의 수는 수만 명 정도 되지만,
가장 큰 규모의 대회 참가자가 200명 정도에 불과하다고 합니다. 그
중 여성이 20~30퍼센트 가량을 차지합니다. 이처럼 팝핀댄서의 수
가 적지만 실력은 세계 최고 수준이라 외국 댄서들이 깜짝 놀랄 정
도라고 합니다. 지금은 팝핀을 즐기거나 열광하는 이들이 계속 느
는 추세입니다. 댄서의 위상 변화는 여러 면에서 목격할 수 있는데,
그중에 스트리트 댄스의 인기가 가장 좋은 편입니다.

　　❝동아방송대에 입시 감독관으로 갔는데 무용이나 다른 춤보다
　스트리트 댄스 지원자가 가장 많더라고요. 시대가 바뀐 거죠. 앞
　으로 더 좋아지지 않을까요? 소속사나 팀이 없어도 지방에서 활
　동하는 댄서가 늘고 있어요. 요즘 댄서들은 춤도 빠르지만 남과
　다른 자신만의 춤이나 표현을 잘하는 것 같아요. 〈댄싱9〉 시즌2

2013년 12월, Redbull HitTop Shenzhen Final 게스트 무대

에 나온 서일영도 주목해야 할 팝핀댄서 중 한 명이고요. 취미처럼 할 수도 있고 전업 댄서가 되려면 춤으로 대학도 갈 수 있고, 군대에 공연 팀도 생겼죠. 초심을 잃지 않고 끝까지 최선을 다하면 어떤 일을 해도 될 거예요. 잘될까를 먼저 생각하지 않으면 나중에 그만두더라도 최선을 다하는 법을 배운 거잖아요. **99**

팝핀댄서로 이름이 알려지면 아직은 대표성을 띠는 만큼 어떤 모델이 되어야 한다는 부담감도 큽니다. 후배 댄서들에게 희망의 증거가 되는 일이 어디 쉽기만 한 일일까요. 그래선지 크레이지 쿄는 매일 두 시간씩 춤을 추고, 틈나는 대로 다른 공연이나 영화를 보면서 영감을 떠올리고 춤을 효과적으로 보여줄 방법을 고민합니다. 댄서로서 멋지게 나이 드는 모습을 보여주고 싶어서겠지요.

## vol 3. 1+1=블루 웨일 브라더스

팝핀제이와 크레이지 쿄 두 사람은 각자 부산과 서울에서 춤을 추면서 다른 팀에 속해 있었기 때문에 진문만 있는 사이였습니다. 처음으로 호흡을 맞춘 건 대회 출전을 위해 만난 2004년이었습니다. 둘이 한 팀을 이루게 된 건 우연한 계기일 수 있었지만, 처음부터 지금까지 찰떡같은 궁합을 자랑합니다. 리듬과 음악의 흐름을

2004년부터 찰떡 같은
호흡을 자랑하는 두 사람

중시하는 팝핀 스타일이 잘 맞았고, 서로의 의견을 존중하고 일단
시도해보는 연습 벌레라는 점에서도 잘 통했죠.

> 66서로 다른 크루에 있었는데 2 대 2 배틀에 같이 나가자고 연락
> 이 왔어요. 그때 저도 파트너가 없어서 오케이하고 지금껏 같이
> 하게 된 거죠. 재형이가 저보다 리드미컬하고 음악적인 포인트를
> 잘 표현한다면 저는 디테일하고 섬세한 편이에요. 서로에게 없는
> 걸 발견하면서 발전해나간 것 같아요. 춤에 대해서는 서로 존중
> 하기 때문에 한 번도 의견 대립한 적이 없어요. 둘의 중간 지점을
> 찾았기 때문에 가능했던 거죠. 한쪽의 성향이 너무 강하면 파트

너가 못 따라올 수도 있는데 저흰 그런 면에서 잘 절충한 것 같아요. 사실 저희가 춤추는 동작이 어렵진 않은데, 구성 부분이나 느낌을 위주로 연습하고 서로 잘 맞기 때문에 오래 호흡을 맞추고 있어요. 아이디어가 잘 맞아서 안무도 굉장히 빨리 짜요. 음악 한 곡을 두 시간이면 짜는데, 다른 사람이랑 하면 30초를 짜는데 하루가 걸려요. 💬

**크레이지 쿄**

💬둘이 정말 비슷했어요. 연습할 때 둘 다 독해서 같이 춤추는 게 서로 미안하지 않더라고요. 춤추고 나서부터 10년간은 빚더미였는데, 저 혼자였다면 버티기 힘들었을 거예요. 빚이 항상 많았어요. 외국에서 대회나 워크숍이 열리면 최소한으로 잡아도 4~5일 동안 200만 원 정도 들어요. 2008년 당시에는 굉장히 큰돈이었죠. 다녀와서 돈 모아 열심히 갚는 식으로 빚을 청산한 게 2009년인데요. 그때부터는 심사도 하러 다니고 해서 많이 좋아졌죠. 한국 팝핀댄서로는 최초로 세계대회에서 우승했다고 난리가 났어요. 전에는 '한국에 팝핀댄서가 있어?' 할 정도로 변방이었거든요. 하지만 이제 유럽만 가도 한국 댄서에 대한 대우가 완전히 달라졌는데, 이건 후배들이 직접 겪지 않으면 변화를 감지할 기회가 없어요. 춤의 수준을 높이고 커리어를 쌓고는 있지만, 정작 사람들이 몰라주는 현실이 안타까워서 〈코리아 갓 탤런트〉에 출연하게 된 거예요. 💬

**팝핀제이**

164

2012년에 이들이 우승한 '저스트 데붓Juste Debout'은 유럽에서 큰 주목을 받고 생중계되는 '댄서들의 올림픽'과 같습니다. 그 때문에 팝핀 부문에서 한국인 최초로 우승을 거머쥐었다는 사실이 그만큼 이슈가 되었는데요, 막상 한국은 댄서에 대한 대우가 전혀 달라지지 않았죠. 여전히 어른들은 아이들이 춤추는 것을 극구 반대하고, 한국의 춤 문화가 계속 마이너에 머무는 것 같아 답답했죠. 어렵게 노력해서 좋은 성과를 냈는데도 여전히 차가운 사회의 시선에 대한 고민이 컸어요. 때마침 공중파 오디션 프로그램이 열린다는 것을 알게 되어 댄서들의 위상을 높이기 위해 참가하게 됐고, 뜻하지 않게 우승까지 거머쥐게 되었어요. 본인들은 운이 좋았다고 하지만, 고된 연습을 마치고 새우깡을 안주 삼아 소주를 마시며 밤새 춤 얘기만 나눴던 이들이기에 어쩌면 당연한 성과가 아닐까 싶어요. 개인 활동과 두 사람의 활동, 크루 활동을 병행했기에 '블루 웨일 브라더스'라는 팀명은 〈코리아 갓 탤런트〉 출전을 위해 지은 이름입니다.

> ❝결승 무대로만 봐서는 아쉬움이 많았는데, 대중에게 좋은 모습으로 비춰진 것 같아요. 문자 투표를 많이 해주신 덕에 우승했어요. 댄서들을 위한 일이라고 생각했는데 정작 댄서들한테서 거만해진 거 아니냐는 말도 듣고, 힘들었어요. 하지만 춤으로 생활을 영위한다는 건 진짜 행복한 일이죠. 남들이 볼 땐 공연 한 번에 큰돈을 받는다고 생각하겠지만, 그 시간을 위해 저희는 10년

2012년 〈코리아 갓 탤런트〉 결승전에서의 모습

이 넘는 시간을 노력한 거예요. 터무니없는 개런티를 받으면 다른 이들에게 영향이 가기 때문에 적정선을 지키는 건 당연한 거예요. 겉모습에 신경 쓰는 건 무대 위에서 화려하고 멋있어야 하니까 그런 것일 뿐이니, 춤 좋아하는 사람들이 순수하다는 걸 많이 알아주세요. 저 때문에 댄서에 대한 이미지가 안 좋아지면 안 되니까 나쁜 짓 안 하고 늘 조심해요. (웃음)❞  **크레이지 쿄**

❝우승 상금으로 번듯한 연습실도 꾸리고 그 김에 회사를 차렸어요. 코갓탤 끝나고 일하면서 저희뿐만 아니라 다른 댄서들이 부당한 대우를 받는다거나 할 때 도움을 주려고요. 10팀 정도 소속돼 있는데 이 업계의 첫 엔터테인먼트 회사니까 잘 돼야죠. 그전에 우리가 부적절한 대우를 받았다는 걸 알게 되니까 후배들에게는 더 좋은 미래를 주고 싶어요.❞  **팝핀제이**

이들의 희망은 댄서로서 안정적인 생활을 하고, 노력한 만큼 춤으로 보상받는 구조를 만드는 것입니다. 둘은 회사 운영경비와 별도로 개인에게 들어오는 공연비나 출연료 등을 20퍼센트씩 적립하는 통장을 만들었습니다. 6년 전부터 공동자금 통장을 만들어 의상비나 여행, 기타 쓰고 싶은 곳에 사용합니다. 파트너가 잘 벌면 서로에게 좋은 일이니 윈윈하는 전략 아닐까요? 둘의 파트너십을 질투한 나머지 중국 댄서들 사이에서 두 사람을 두고 '게이설'이 돌았다지

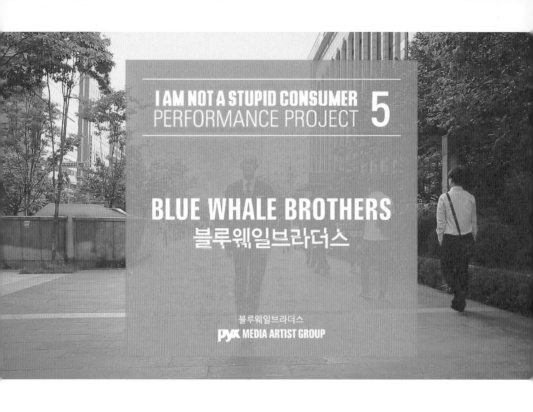

현명한 소비 플랫폼을 기치로 내건 어플리케이션 'YAP'은 새로운 소비 트렌드의 서막을 알리는 다양한 퍼포먼스로 화제를 모았다. 2015년 6월 10일 〈시간의 속박을 거부하다〉라는 주제로 '기존 소비, 기존 문화, 기존 라이프스타일에 대한 저항'을 표현하는 YAP의 퍼포먼스에 블루 웨일 브라더스가 참여했다. (2015. 6. 10 | AM 08:30 – 여의도역 5번출구 | PM 12:00 – 타임스퀘어)

출처 www.yap.net

만, 둘은 결혼한 지 얼마 안 돼 제각기 신혼을 만끽하는 중이랍니다.

블루 웨일 브라더스는 '와팝WAPOP'[2]의 댄스디렉터로 활동하면서 요즘도 하루 두 시간씩 연습하며 호흡을 맞추고 있어요. 서른이 넘어 중반으로 가면서 체력이 예전 같지 않음을 느끼는지라 댄서로서의 장래에 대해 진지한 고민이 필요한 시기입니다. 술도 줄이고 폐활량 때문에 담배도 끊었다지만(크레이지 쿄), 몸이 춤의 도구인 만큼 건강관리는 댄서의 필수덕목이겠죠. 어차피 춤을 평생 직업으로 하려면 20~30대 댄서는 출발선에서 멀리 가지도 않은 셈입니다. 우리로서는 상상하기 어렵지만, 이웃나라 일본만 해도 장르를 막론하고 나이 지긋한 분들까지도 클럽에 춤추러 온다고 하니까요. 팝핀은 큰 동작이나 테크닉 위주가 아니라면 몸에 그리 무리가 가지 않아요. 워밍업과 스트레칭, 적당한 근력운동을 병행한다면 말이죠.

> ❝일본에서 저녁에 클럽을 갔는데 직장인이 넥타이를 풀고는 팝핀을 추더라고요. 옆에선 할머니도 춤을 추서서 '이건 뭔가!' 하고 깜짝 놀랐어요. 한국에서는 디스코만 반짝 하고 사라지고, 댄스스포츠 외에는 계속하는 사람들이 없어요. 현재 가장 왕성하게 활동하는 댄시 팝핀 피드Poppin pete는 육십을 바라보는 분이에요.

2    와팝은 'World & Asia + WOW POP'의 합성어로, 세계와 아시아를 감동시킬 꿈의 공연을 지향한다. 한류를 대표하는 대중문화를 주요 콘텐츠로 삼아 한류 드라마, 케이팝, 드라마 OST 라이브, 비보이 공연, 국악 퍼포먼스 등을 선보였다.

기술적으로 비보잉은 한계가 있지만 팝핀은 계속 출 수 있어요. 나이든 댄서들을 초청해서 방송에서 계속 춤출 수 있다는 걸 보여주고 싶어요. 취미로서가 아니라 프로페셔널하게 출 수 있거든요.✌✌

팝핀제이

✌✌전에는 하루 대여섯 시간씩 연습했는데 체력 소모가 워낙 크고 예전만큼 몸이 따라주질 않아요. 파워풀하고 크게 움직이기보다 지금은 섬세하고 여유 있게 하는 것을 연습하고 있어요. 몸이 덜 따라줘도 잘할 수 있는 움직임 말이에요. 한창 때만큼은 못해도 여유와 연륜이 넘치지요. 하루 종일 춤 방송하는 채널을 만드는 게 꿈이에요. 지금은 사람들이 볼 수 있는 프로그램이 〈댄싱9〉밖에 없고, 댄스 경연이나 공연, 넌버벌 퍼포먼스 정도가 전부인데, 볼거리가 더 많아지면 춤추기도 더 수월해지지 않을까요?✌✌

크레이지 쿄

백발이 되어서도 여전히 멋지게 춤을 추고 있을 두 사람의 모습이 그려집니다. 멋지게 나이 든다는 것은, 가족이나 생계를 위해 다른 무언가를 포기했다는 피해의식 없이 행복하게 하고 싶은 일을 계속 한다는 것과 비슷한 말 아닐까요? 언젠가는 우리도 노년의 댄서가 되거나 그렇게 사는 사람들을 볼 수 있으리라고 기대해봅니다.

(2013년에 팝핀제이를, 2014년에 크레이지 쿄를 만났습니다.)

## 폭발하는 젊음의 열기

# 스텝업

앤 플레처 감독 | 제나 드완−타툼, 채닝 테이텀 주연 | 2006
12세 이상 관람가 | 103분

2006년에 시리즈의 첫 영화가 만들어진 후 계속 후속작이 만들어져 최신 댄스의 흐름을 엿볼 수 있다. 다양한 장르의 춤과 현실감을 극대화한 배틀과 더불어 매력적인 댄서들의 로맨스라는 공통점이 있다. 감독과 신예 배우들의 등용문이기도 하다.

## 일탈을 통해 찾은 행복

# 쉘 위 댄스

수오 마사유키 감독 | 야쿠쇼 코지, 쿠사카리 다미요 주연 | 1996
전체 관람가 | 136분

2004년 할리우드에서 리메이크하기도 한 일본 댄스 영화. 성공가도를 달리던 중년의 샐러리맨이 무기력증에 시달리다 사교댄스에 빠져들며 행복을 되찾는다. 그의 순수한 열정은 슬럼프에 빠져 있던 프로 댄서 마이에게도 춤에 대한 성찰과 더불어 인생의 즐거움을 되찾게 한다.

인디밴드 보컬의 소셜댄스 입문기

## 서른 살에 처음 시작하는 스윙 살사 탱고

깜악귀(눈뜨고코베인 보컬) | 북하우스 | 2010

서른 살에 시작하는 취미 입문 시리즈 중 소셜 댄스편. 운동이라고는 숨쉬기가 고작이던 인디 밴드의 보컬 겸 직장인이었던 저자가 화려한 댄서로 거듭나는 과정을 담았다. 춤을 둘러싼 상식, 다양한 춤의 개성과 재미, 댄서들과의 인터뷰 등을 통해 스윙과 탱고, 살사의 매력을 한껏 보여준다. 소셜 댄스는 동호회를 중심으로 정착돼 경제적 부담 없이 배우고 즐길 수 있다.

인간답게 살고 싶다는
노동자의 희망,
안전할 권리를 대변하며
탐욕의 제국에 맞서다

반올림 노무사
이종란

돈 버는
일보다는 소신 있고
사회에 조금이라도 기여하거나
보람된 일을 하고 싶다는
마음이었어요.

## 반도체 노동자의
## 건강과 인권 지킴이 '반올림'

'노동자'라는 이름이 익숙하지 않은 이라도 누구나 일을 합니다. 가사노동, 돌봄노동, 학업도 노동이고, 시급제 근로라도 노동을 하는 게 분명합니다. 하지만 자신을 '노동자'로 규정하는 이는 많지 않죠. 붉은 띠나 팔뚝질, 거친 투쟁이 연상되는 그 '노동자'가 실은 평범한 우리 아버지이자 이웃, 친지인데도요.

첨단산업의 대명사인 반도체, 주요 수출국이란 미명으로 자부심까지 느끼게 했던 그 '반도체'가 많은 노동자의 목숨을 앗아갔습니다. 직업병으로 죽음을 맞이한 이가 과연 몇이나 되는지는 아무도 모릅니다. 함께 일하던 이들 사이에도 쉬쉬하던 일들이 수면 위로 떠올라 기나긴 공방 끝에 산재로 판명되고, 공식적으로 이 일에 대해 기업 차원에서 사과의 말을 듣기까지 수년의 세월이 흘렀고, 그 사이 발병자와 사망자는 계속 늘어갔습니다.

갈 길이 멀지만 불가능해 보였던 싸움을 가능하게 했던 건, '반올림'이란 단체와 이곳을 찾아와 생계까지 팽개쳐가며 발 벗고 나선

유가족과 생존자들 덕분이었습니다. 그 결연한 움직임의 와중에 사
람들의 이야기 듣기를 좋아하고 그 자신도 노동자의 권익을 위해 싸
우다 해고를 당한 경험이 있는 이종란 노무사가 있었습니다.

## 사랑의 빚으로 시작한 반올림

2007년 11월 20일, 삼성반도체 기흥 사업장 앞에서 반올림의 전
신 '삼성반도체 집단 백혈병 진상 규명과 노동 기본권 확보를 위한

공동대책위원회'가 발족했습니다. 당시 공식적으로 산업재해 보상을 신청한 피해자는 이 공장에서 백혈병으로 사망한 황유미[1] 씨의 유족뿐이었습니다. 황유미 씨의 아버지 황상기 씨가 백방으로 수소문해 다른 백혈병 피해 노동자 다섯 명의 존재를 알아냈으나, 공동대책위원회를 꾸릴 당시만 해도 이들의 연락처조차 알지 못했습니다.

반올림 활동가들은 다른 피해자들을 찾아나서는 한편 이들의 산업재해 인정을 위해 싸우는 과정에서 미국의 IBM 공장, 영국의 내셔널 반도체 공장, 타이완의 RCA 공장 등에서 암으로 죽어간 젊은 노동자들의 상황이 삼성반도체에서 일하다 백혈병에 걸린 노동자들과 놀랍도록 흡사하다는 사실을 알게 되었습니다. 반도체·전자산업은 그 탄생 직후부터 직업병 피해뿐 아니라 저임금, 비정규직, 노동조합 탄압, 환경오염 등 수많은 문제를 세계 곳곳에서 일으켜왔던 것입니다.[2]

2008년부터는 백혈병뿐 아니라 다른 직업병 피해를 아우르고 삼성뿐 아니라 다른 반도체, 전자산업체 노동자들을 포괄해 활동하고 있습니다. 반올림의 공식 이름은 '반도체 노동자의 건강과 인권 지

---

**1**   삼성반도체 기흥 반도체공장에서 일하다 2005년 6월 급성 백혈병 진단을 받고 투병 중 2007년 3월 숨졌다. 2인 1조로 함께 일했던 이숙영 씨도 2006년 백혈병에 걸려 한 달 만에 숨졌다. 황 씨의 아버지 황상기 씨가 피해 당사자들을 조직, 반올림과 함께 긴 싸움을 벌여 산업재해로 인정받은 이야기가 영화 〈또 하나의 약속〉으로 만들어졌다.
**2**   〈반올림이 만들어지기까지〉(www.sharps.or.kr/about)에서 발췌.

킴이'입니다. 샵(#)이 앞에 붙어 '반이라도 올리자'는 뜻도 있지요. 반도체 노동자들이 처한 현실은 적어도 배로 개선되어야 하지 않을까요? 직업병을 일으키는 유해물질의 종류와 그 메커니즘조차 규명되지 않은 상황에서 오늘도 노동자들은 목숨을 담보로 일하고 있으니까요.

이종란 노무사는 반올림이 닻을 올리면서부터 상임활동가로 일하며, 연대하는 일의 무게를 실감하면서 희미하기만 하던 희망으로 다가갔습니다. 본업인 개인택시를 내팽개치고 서울과 속초를 오가며 진상 규명에 앞장서온 황상기 씨에게 빚진 바가 많을 텐데요. 아니, 서로 빚졌다고 하는 편이 적절하겠습니다. 오랜 시간 유가족과 피해 당사자를 돕는 노무사로서가 아니라 동료이자 싸움의 이유가 되어주었기 때문이지요. 그렇습니다. 영화 〈또 하나의 약속〉[3]에 등장하는 노무사(배우 김규리 분)의 모델이 바로 이종란 노무사입니다.

희망이 보이지 않아 주저앉고 싶을 때 이종란 노무사는 황상기 씨 덕에 마음을 다잡았다고 합니다. 본디 투쟁적인 사람은 아니지만, 몇 년의 세월을 보내며 수많은 직업병 노동자를 만나고, 그들을 도우며 어느 때부터는 '활동가'로서의 정체성을 몸으로 느껴왔죠. 황상기 씨는 늘 "제대로 된 노동조합이 있었더라면 우리 유미는 백

---

**3**　이 영화는 애초 〈또 하나의 가족〉이라는 제목으로 제작되었고, 2013년 부산국제영화제에서 상영된 바 있다. 하지만 제목을 불편하게 여기는 영화 관계자가 많은 현실을 반영하여 〈또 하나의 약속〉으로 제목을 바꿔 2014년 2월 6일에 개봉되었다.

혈병으로 죽지 않았을 것"이라며 단결권을 비롯한 노동 기본권을 실현하지 않고서는 직업병 문제를 결코 해결할 수 없음을 강조했습니다. 노조 설립을 허용하지 않는 삼성의 기조가 지금껏 많은 노동자를 죽음으로 몰아넣었습니다. 그리고 삼성은 원인 규명과 대책마련, 최소한의 보상조차 나 몰라라 했습니다.

개인 대 대기업의 싸움은 애초부터 말이 안 되는 데다, 직업병 입증의 책임이 노동자에게 있다는 법적인 논리 때문에, 최소한의 정보조차 공개하지 않으며 교묘하게 회유를 일삼아온 삼성의 행태는 공분을 살 만한 일이었습니다. 노동조합이라도 있어야 회사의 권력남용으로부터 조금이라도 노동자를 보호할 텐데, 당장 치료비가 급한 피해자와 가족에게 접근해 얼마의 돈을 주는 식으로 입막음을 해왔던 것이지요.

상황이 이러니 직업병 피해자가 실제로 얼마나 많을지는 예측조차 하기 어렵습니다. 근로복지공단에 의하면 황유미 씨가 직업성 암으로 산재 신청을 최초로 한 사람이라고 하더군요. 함께 싸울 동료이자 지지자로서 이종란 노무사를 비롯한 반올림 구성원들을 만나게 된 것은 노력의 당연한 결과였지만, 아마 혼자서는 이 싸움을 지속하지 못했을 겁니다.

이종란 노무사는 평범하지 않은 경험과 여러 현장에서 만난 노동자의 삶 때문에 지금 이 자리에 있게 되었다고 말합니다. 처음부터 단단한 마인드로 시작한 게 아니라 손을 맞잡고 함께하며 결과를 지

켜보니 그 의미를 체감하지 않을 수 없었죠.

> 66몇 년째 반올림 활동을 하다 보니 '상임활동가'라는 직함이 생
> 겼지만, 활동가로서 거창한 사회적 책무라거나 하는 건 생각하
> 지 않고 살아요. 지금은 어딜 가나 활동가로 보지만요. 나서는 것
> 을 안 좋아하고 집회 사회만은 하고 싶지 않았지만, 돌아가면서
> 할 수밖에 없더라고요. 제가 거의 마지막 운동권 세대인데 경영
> 학과에서는 존재감이 없고 경영학회에 열심인 평범한 삐딱이였
> 죠. (웃음) 교수가 운동권을 조롱하듯이 '공부도 안 하고 성격도 비
> 뚤어진 학생'이라고 할 땐 나서서 발언도 하고 그랬어요. 노무사
> 로서 정체성이 뚜렷했다기보다 평생 할 직업이니까 돈 버는 일보
> 다는 소신 있고 사회에 조금이라도 기여하거나 보람된 일을 하고
> 싶다는 마음이었어요.99

경영학은 사측 시각에서의 조직 관리, 노사 관계를 배우지만 이
노무사의 관심은 반대편을 향했습니다. 이상하게 노동자, 노동계급
이란 단어가 마음에 와 닿았다니 노무사가 천직이 아니었을까요?
2~3년의 수험 끝에 자격증을 따고 민주노총 서울본부 노동법률지
원센터에서 자원활동을 해보지 않겠느냐는 권유를 받고 서울로 상
경한 것이 2002년 가을이었습니다. 상담을 해보니 정말 적성에 잘
맞는 일이라는 것을 알 수 있었습니다. 두서없이 이어진 노동자의

이야기를 들으며 맞장구치다 정신을 차리면 4시간이 훌쩍 지난 뒤였습니다. 이런 일은 누군가에게는 아주 힘든 노동일 수 있지만, 그에게는 오히려 가슴 뛰는 순간이었지요. 그래서 전업으로 일할 곳을 찾았고 노동조합, 회사, 노무법인 중에 선택은 노조로 향했습니다. 그의 첫 정규직 일터는 경기지역일반노동조합이었습니다.

❝첫 노동 상담은 서툴렀지만 가슴 뛰는 일이었어요. 온라인이 아니라 대면 상담에서는 자기 얘기를 두서없이 하거든요. 언제 끊어야 할지 몰라서 듣기만 했는데, 전문가로서 누군가에게 도움을 준다는 게 뿌듯했어요. 더디고 작은 도움밖에 드리지 못해도요. 제가 일하던 노조는 전자회사 근무하던 동네 아주머니들이 하루아침에 폐업당하고, 내쫓겨서 체불임금 받겠다고 찾아오는 곳이었어요. 난생 처음 '철의 노동자[4]'를 부르다 '내 하루를 살아도 인간답게 살고 싶다' 이런 대목에서 막 우셨던 기억이 나요. 임금도 적었고 일도 많았지만 보람이 컸어요.❞

그는 노조 조직을 위해 경력을 속이고 마트 캐셔로 일하기도 했

---

[4]  독립영화 제작집단 '장산곶매'의 독립영화 〈파업전야〉의 OST로 영화의 음악감독을 맡은 가수 안치환이 1990년에 만든 노래. 〈파업전야〉 상영관에서 최루탄을 쏘는 등 정부의 탄압으로 대학가를 돌면서 인기를 얻은 영화 덕분에 이 노래도 널리 알려졌다. 1990년 전노협(현 민주노총)의 출범식에 쓰이면서 노동 현장에서 많이 불리게 되었다. ―한국민족문화대백과사전, 엔하위키 미러 참조.

습니다. 이때 근무한 곳이 삼성 계열사인 경기 지역 이마트였어요. 당시 계약직이던 캐셔들이 노동권 보장을 위해 노조가 필요하다고 판단해 경기지역일반노동조합으로 지원을 요청한 것이지요. 그때가 2004년 8월경이었습니다. 50명의 캐셔 중 23명이 암암리에 노조에 가입했지만, 노조 설립을 회사에 통보하자마자 탄압이 시작되었습니다. 일터에 검은 양복을 빼입은 사내들이 줄지어 서서 탈퇴서를 쓰기 전까지는 계산대에 앉지도 못하게 했답니다. 이 노무사는 경력 사칭으로 징계를 받아 곧바로 해고당했고, 끝까지 탈퇴하지 않고 남은 3명의 조합원은 계약 만료라는 형식으로 부당해고를 당한 뒤 몇 년의 법정싸움을 시작했습니다. 이종란 노무사는 신세계이마트 공동대책위의 경험이 이후 반도체 노동자의 싸움에서 큰 도움이 됐다고 말합니다.

> **❝**노조를 설립하자마자 관리자에게 불려가서 고 이병철 회장의 유언이 '내 눈에 흙이 들어오기 전까지 노조는 안 된다'는 거니까 우리 회사는 절대 노조 인정 안 한다'고 들었어요. 1년 계약 끝나면 자동갱신하기 때문에 정년이 보장된다고 장담했었는데, 노조 탈퇴를 안 한 언니들은 재계약해주지 않는 방식으로 부당해고 당했고, 언니들은 몇 년의 세월을 버티면서 일인시위를 하며 부당해고를 알리고 법정싸움을 했습니다. 1심에서 승소도 했지만 결국 2심에서 법정조정으로 싸움이 마무리가 되었어요.**❞**

삼성의 불가침 영역이었던 '무노조 방침'으로 노조 설립을 집요하게 방해하고 도청, 감청하는 일이 조금씩 사회문제로 대두될 무렵이었습니다. 그래선지 민주노총에 있을 때부터 삼성에 관련된 피해 건은 더 신경 써서 상담하고, 같은 수원 지역의 인권단체인 다산인권센터도 삼성 노동자 인권탄압 문제에 발 벗고 나섰다고 해요. 2005년에 수원 삼성SDI 노동자를 중심으로 핸드폰 위치추적 대책위가 있었는데, 실제로 이 노무사도 자신을 미행하는 차를 잡아서 경찰에 신고한 적이 있답니다.

기업의 탄압이 강할수록 그에 대한 대항도 강해져야 했습니다. 딸

**또 하나의 약속**

김태윤 감독 | 박철민, 김규리, 윤유선, 박희정 주연 | 2013

택시기사 상구(박철민 분)는 단란한 가정의 평범한 아버지다. 상구는 딸 윤미(박희정 분)가 대기업에 취직한 것이 자랑스럽지만, 넉넉지 못한 형편 때문에 대학도 보내주지 못한 게 미안하다. 딸 윤미는 취직해서 아빠 차도 바꿔주고 동생 공부도 시키겠다며 밝게 웃는다. 부푼 꿈을 안고 입사한 지 2년도 되지 않아 윤미가 급성백혈병에 걸려 집으로 돌아오자 상구는 가슴이 미어진다. 그토록 자랑스러워하던 회사에 들어간 딸이 제대로 치료도 받을 수 없는 현실에 아빠는 고개를 떨군다. 상구는 차갑게 식은 윤미의 손을 잡고 딸의 이야기를 꼭 세상에 알리겠다고 약속한다.

황유미 씨를 비명에 보낸 아버지 황상기 씨가 속초에서부터 서울을 오가며 함께 싸울 지원군을 찾고 있었습니다. 그리하여 결국 두 사람의 영화 같은(실제로 영화화된) 만남이 이뤄집니다. 그것이 2007년의 일이었고, 이 이야기를 어떻게 알릴까 하다 반올림을 만들게 됩니다.

### ⚒ 삼성, 노조 불가침 영역?

저는 싸움의 과정을 들으며 이종란 노무사 또한 삼성이라는 거대한 권력 앞에 선 '당사자'라는 생각을 했습니다. 일하다 직업병에 걸린 노동자나 유가족은 비록 작은 개인일지 몰라도 뜻을 합하고 힘을 모으면 그때부터는 무시 못 할 존재가 됩니다. 그들의 목소리를 지우려는 삼성의 노력은 집요하고도 무서운 것이었지만, 그렇기에 끝끝내 소리쳐야만 했겠지요. 이기느냐 지느냐는 그다음의 문제였습니다.

❝제 포부가 깄다기보다 싸울 의지가 넘치는 분이 딱 하니 버텨 주셨던 게 크게 작용했어요. 진상 규명이 중요하다고 생각하니까 단기적인 보상보다는 장기적 해법을 많이 생각했고요. 생각이 다양한 여러 주체의 뜻을 모아 결정하는 일이 생각보다 어려웠어

요. 여러 생각을 나누고 정하고 집행하고 그로 인해 교훈을 얻는 과정에서 치열한 만큼 마음을 잘 모으는 일이 왜 중요한지 다들 느끼게 되었고요. 몇몇의 의지에 승패가 달린 싸움이 아니라 체계를 잘 만들어서 사람이 바뀌어도 계속 이어갈 수 있는 운동을 하는 게 중요하다는 사실도 깨닫고 있어요. 황유미 씨처럼 천신만고 끝에 산재 인정을 받은 분도 있지만, 다른 분이 불승인될 때는 낙담이 커요. 무엇보다 20대 초반, 젊은 피해자들이 죽어가는 모습을 보는 게 가장 힘들었죠. **99**

그 안타까운 죽음을 헛되이 할 수 없다는 마음과 분노가 이종란 노무사를 일으켜 세우는 동력이 되기도 했습니다. 조금씩 마음이 단단해졌다 한들 똑같은 죽음을 반복해서 지켜봐야 하는 심정이 온전할 리 없겠지요. 애써 담담한 미소로 이야기를 나눴지만, 인터뷰 날에도 비보가 날아들었습니다. 울산에서 조은주[5] 씨가 사망했다는 전화를 받은 상태였습니다. 새로운 싸움이 시작될 때마다 매번 보도자료를 쓰고 기자회견을 하지만, 그 무게란 감당하기 어려운 일인 듯합니다. 구성원 모두가 강해지지 않고선 견딜 수 없는 시간이겠

---

[5]  고 조은주(1992년생) 씨는 2010년 7월 삼성전자 충남 탕정공장(현 삼성디스플레이 탕정공장)에 입사해 LCD 텔레비전 불량 검사를 맡았다. "몸이 자꾸 아프다"던 조 씨는 2013년 9월 골수이형성증후군 진단을 받고 골수이식을 기다리며 1년 5개월간 투병하다 지난 2월 10일, 만 23살의 나이로 세상을 떠났다.

고 황유미 8주기 및 반도체 · 전자산업 산재사망 노동자 합동추모제 모습

지요. 활동하며 긴장을 늦추지 못하니 체력이 조금씩 떨어지는 건 어쩔 수 없는 일입니다. 하지만 오래 싸우려면 건강해야 하는 만큼 자기관리의 필요성을 절감합니다. 안전에 대한 문제는 총체적인 대안을 만들지 않는 이상 미봉책이 나올 수밖에 없기 때문에 장기적이고 촘촘한 프로젝트, 긴 호흡이 필요해 늘 마음을 가다듬으려 노력합니다.

> **❝**거친 현장이에요. 마음을 잘 다스리는 게 제일 큰일이었어요. 노하우도 조금 생겼고요. 아직은 충분히 쉴 타이밍을 만들기 힘들어요. 부정적으로 생각하면 끝이 없고 어디까지 책임져야 하는지도 선택과 집중이 필요하고요. 같은 상황이면 정확히 비판하더라도 부정적 진단은 안 하려고 해요. 사고에 마음을 놓으면 우울증 걸리기 십상이잖아요. 세월호 사건도 그렇고, 우리 사회에선 매일 죽음이나 질병 이야기를 듣고 살잖아요. 그래서 하나하나에 마음을 많이 뺏기지 않으려고 노력해요. 원래 조금 무딘 편이기도 해서 견딜 수 있었던 것 같아요.**❞**

반올림에서 현재 활동비를 받는 활동가는 2명으로, 이 노무사의 가장 큰 업무는 피해자 지원 및 상담입니다. 또 다른 활동가인 권영은 씨는 재정과 관리, 뉴스레터 등의 홍보 업무를 맡고 있습니다. 산재 전문 변호사인 임자운 활동가는 공익기금 낭만펀드[6]의 수혜를 받으며 피해자 변론 활동을 합니다. 반올림의 비상임 활동가이면서 반올림 교섭단 간사인 공유정옥 활동가는 본업인 의사 일을 하면서 반올림 활동에 늘 발 벗고 나서는 분이고요.

공유정옥 간사를 비롯해 직업병 전문 의사들이 전자산업노동자 건강연구회를 만들어 반올림에 큰 도움을 줬습니다. 또 반올림지원 노무사모임 등 법률적으로 도움을 받을 수 있는 전문가 풀도 갖춰나가는 중이고요. 반도체 노동자가 많은 지역을 중심으로 자생적으로 생겨난 지역별 대책위도 있습니다. 그만큼 네트워킹에 많은 노력이 필요해 현재 반올림 활동을 소화하려면 상근자 3명으로는 턱없이 부족한 실정입니다. 안팎으로 연대에 많은 힘을 쏟고 있고 피해자 지원도 점점 큰 규모가 되어가고 있어요. 피해를 줄이는 일은 물론 앞으로 힘을 쏟을 여성 노동자를 위한 활동과 산업재해 예방을 위해 인력이 더 필요한 상황이죠.

66산재 신청 사례는 50건 정도고 그중 소송은 10건 정도 진행되고 있어요. 다행히 승인이 조금씩 늘고 있지만, 아직도 거북이 걸음이죠. 병든 몸으로 일을 할 수 없어서 기초생활수급권자가 된

---

6    공익변호활동을 지원하기 위해 조성한 사법연수원생들의 기금. 사법고시 41기에서는 540여 명이 뜻을 모아 만든 기금으로 세 명의 공익변호사를 배출했다. 42, 43기가 만든 '낭만펀드'(2013~)는 634명이 십시일반으로 약정해 산재 전문 공익변호사 반올림의 임자운 변호사와 외국인노동자 지원단체 '아시아의 창'의 이은혜 변호사의 활동비를 지원하고 있다.

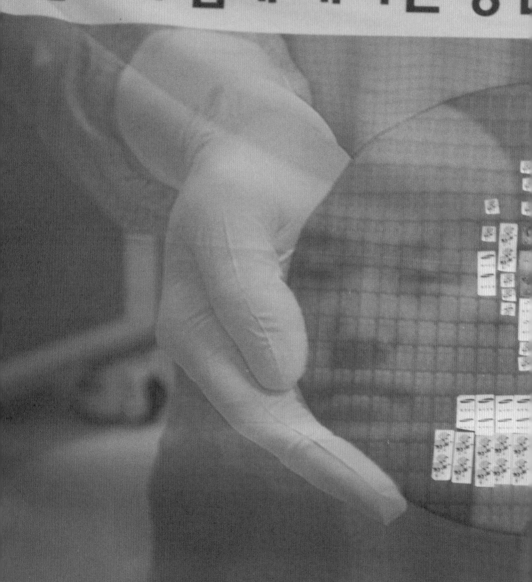

"반도체 칩에 새겨진 당선

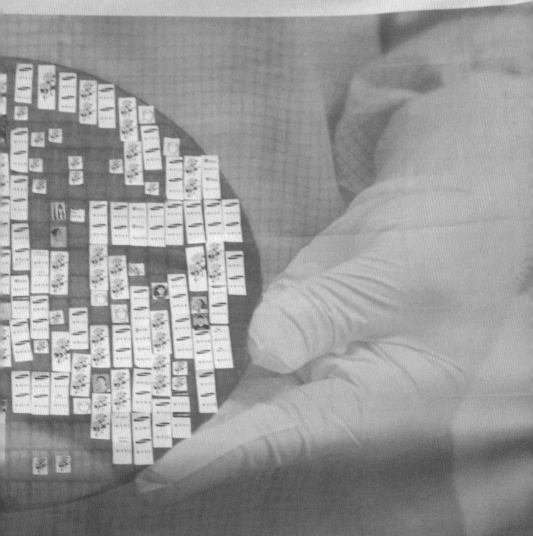

삼성전자의 다발성경화증 피해여성에게 반올림에서 약간의 후원을 해요. 다발성경화증은 희귀난치성 질환인데 삼성전자 여성노동자 중 세 분이나 걸렸어요. 희귀질환이다 보니 치료제도 개발되지 않아서 더욱 힘든 상황이죠. 희귀질환의 특성상 직업병 관련 연구사례가 드물어 산재 인정도 쉽지 않고요. 이런 분들의 치료비와 최소생계비를 국가와 기업이 지원하게끔 하는 일이 절실하다고 봅니다.●●

고 황유미 씨의 백혈병이 고 이숙영 씨와 함께 산재로 확정되기까지 꼬박 7년이 걸렸습니다. 지금까지 법원을 통해 산재를 인정받은 이는 백혈병 피해자 3명과 재생불량성빈혈 피해자 1명을 포함해 총 4명이고, 항소를 당하긴 했지만 1심에서 승소한 뇌종양 피해자도 있습니다. 또 근로복지공단에서 산재 인정된 경우도 4명이 있습니다. 백혈병, 재생불량성빈혈, 유방암 피해자들입니다. 그러나 여전히 대다수의 피해자가 아직 산재 인정을 받지 못하고 있습니다. 산재 처리 과정도 너무 오래 걸리고요.

반올림 활동 초창기에는 피해자 가족들도 나서기를 많이 꺼려하고 피해를 본 노동자들이 죽음을 앞둔 상황에서조차 삼성을 두려워하기도 했습니다. 삼성이 다양한 인맥을 동원해 피해자 가족을 회유하려 했지만, 시간이 감에 따라 이제 그런 방법이 먹히는 때는 지나간 것 같습니다. 이런 변화 덕분에 삼성을 상대로 한 싸움에서 '해봤자 안 되잖아'가 아니라 '될 수도 있겠다'는 희망을 보는 거죠.

이 와중에 조금 놀라운 일이 있었습니다. 삼성에서 피해 노동자와 유족들에게 부족하나마 공개 사과를 하고 보상과 재발방지 약속을 천명한 것입니다. 2014년 5월, 삼성전자 권오현 대표이사(부회장)는 반도체 사업장에서 근무하다 백혈병 등 산업재해로 의심되는 질환으로 투병 중이거나 사망한 당사자와 가족에게 합당한 보상을 하겠다고 밝혔습니다. 이건희 삼성회장의 위독설이 불거진 다음이었고, 해외 통신사 등에서 삼성의 산업재해 문제를 몇 차례 관심 있게 보도한 후였습니다.

❝정확히 어떤 이유에서인지는 모르겠지만, 삼성 내부적으로도 해결하고 가야겠다고 판단한 시점이 된 것이죠. 그런데 부회장이 '산재 의심 질병으로 고통받은 피해자와 가족들에게 소홀했던 것, 더 일찍 헤아리지 못한 점을 사과'한다고 했는데, 그건 피해자들이 원하는 정도의 사과는 아니었어요. 앞서 싸운 분들이 받고 싶었던 사과는 애초 안전 관리를 잘하지 못한 것, 산재를 덮으려고 했던 것, 적어도 어떤 잘못을 했는지 알 수 있는 더 구체적인 내용이었어요. 또 피해자들이 폭넓게 보상받도록 협상하고 있어요. 처음에 협상 테이블에 나온 관리자들의 태도는 정말 형편없었어요. 돌아가신 분에 대해 묵념하자고 하면 의식을 강요한다고 퇴장해버리기도 했어요. 최근에 바뀐 협상단은 말솜씨가 더 좋아졌

습니다. 어쨌거나 상황이 바뀌었고 직접협상 방식에서 제3자 조
정위원회라는 방식으로 협상이 진행되고 있으니 끝까지 최선을
다해야죠.**99**

산업보건전문의인 공유정옥 활동가에 의하면(아래 표 참조), 삼성
계열사를 비롯한 반도체 업계의 직업병 제보는 최근 몇 년 사이 가
파르게 늘었지만, 그중 산재 인정 비율은 2.5퍼센트에 불과하고, 제

**반올림에 제보된 전자산업 직업병 피해현황(2015년 2월 기준)[7]**

| 회사 | | 제보현황 | | 산재보상청구 결과 | | | 행정소송 결과 | | |
|---|---|---|---|---|---|---|---|---|---|
| | | 제보 | 사망 | 미정 | 승인 | 불승인 | 미정 | 승소 | 패소 |
| 삼성전자 | 반도체 | 165 | 57 | 20 | 3 | 4 | 7 | 4 | 1 |
| | LCD | 31 | 12 | 3 | | 2 | 3 | | 1 |
| | 기타 | 21 | 11 | 1 | 1 | | | | |
| 삼성전기 | | 13 | 10 | 3 | | | | | |
| 삼성SDI | | 33 | 10 | | | | | | |
| 삼성테크윈, SDS 등 | | 2 | 1 | | | | | | |
| 하이닉스, LG전자, QTS, 아남반도체 등 | | 62 | 23 | 6 | 1 | | | | |
| 전체 | | 327 | 124 | 33 | 4 | 7 | 10 | 4 | 2 |

7    〈반도체·전자산업 직업병 피해노동자 증언대회 자료집〉(2015. 3. 4) 1쪽.

보자 중 30퍼센트 이상이 사망했습니다. 협상 중이긴 하지만 삼성이 제시한 보상 조건으로 따지면 현재 드러난 피해자 대부분이 보상 대상에서 탈락되는 상황입니다. 이 범위를 최대한 넓히는 것이 반올림의 과제이기도 해요.

　이런저런 일이 많았지만 8년여 시간이 지나며 분명 달라진 공기를 느끼며 해결의 실타래가 조금씩 풀려나가니 참 다행입니다. 관련 영화와 책 등이 조용히 많은 호응을 얻었고, 직업병 문제가 남의 일만은 아니라는 인식도 생긴 덕분이겠지요. 야근이 일상에 가까웠던 이종란 노무사는 사무실이 있는 동작구 사당동의 볕 좋은 집으로 이사했습니다. 늦은 오후의 햇살과 청국장 냄새로 일상의 평온함을 짐작할 수 있었지만, 그 이면에서는 여전히 안타까운 일들과 분투하고 있는 중입니다. 그간 싸우느라 지친 용기 있는 분들께, 여러분의 관심과 후원은 아주 값진 응원이 될 것입니다.

(인터뷰는 2015년에 이뤄졌습니다.)

### 노동자의 꿈을 착취하는 삼성의 실체

## 탐욕의 제국

홍리경 감독 | 2014 | 12세 이상 관람가 | 92분

삼성 직업병 피해 유가족들이 코앞에 드리운 가족의 죽음을 받아들일 수 없어 끝이 보이지 않는 힘겨운 싸움을 시작한다. 먼지 하나 없는 방, 모두 다 똑같은 옷을 입고 역겨운 냄새가 코를 찌르는 곳에서 화장실 갈 틈도 없이 기계를 돌려야 했던 노동자들. '성과급 1000%' 앞에서 불평 없이 열심히 일한 것이 죄였을까. 죽음이란 현실 앞에서 망연자실하기보다 숨겨진 진실을 파헤치는 편을 택했던 가족들의 실제 모습이 담긴 영화다.

### 삼성이 가린 백혈병의 진실

## 먼지 없는 방

김성희 | 보리 | 2012

열아홉 나이에 삼성반도체 공장에서 일하던 남편을 백혈병으로 잃은 정애정 씨의 이야기를 만화로 되살렸다. 남편을 잃고 홀로 두 자식을 키우던 정애정은 남편의 죽음이 반도체 공장의 근무 환경 때문일 수 있다는 이야기를 전해들은 후 남편이 죽은 진짜 원인을 밝혀내기 위해 반도체 공장에서 일하다 직업병에 걸린 사람들을 만나러 다닌다.

### 삼성이 버린 우리의 이웃

## 삼성을 살다

이은의 | 사회평론 | 2011

1998년 삼성전기에 입사한 '여' 직원으로 살아온 12년 9개월을 글로 엮었다. 여직원이라서 답답하고 억울한 일이 잦았지만, 그럴수록 인정받는 프로가 되기 위해 노력했다. 다부진 일꾼이던 지은이를 주저앉힌 건 상사의 성희롱이었다. 하지만 회사도 동료도 인사팀도 문제를 회피했다. 가해자 감싸기, 부서 배치의 불이익, 업무 배제, 고과 누락, 왕따 등의 부당한 대우가 차례로 이어졌지만, 그는 꿋꿋이 회사를 다니는 한편 회사를 상대로 소송을 제기했다. 그리고 5년여의 싸움 끝에 승소했다. 현재 지은이는 법학대학원을 졸업하고, 성희롱 전문 변호사로 활동 중이다.

### 탐욕의 제국에 맞선 여성 저널리스트

## 아이다 미네르바 타벨

스티브 와인버그 | 생각비행 | 2010

록펠러는 스탠더드 오일Standard Oil Company을 이끌며 미국의 석유산업을 대표하는 재계의 거물이었다. 아이다 미네르바 타벨은 독점기업의 불법행위와 석유산업 이면에 감춰진 음모를 파헤쳐 독점기업을 와해시킨 여성 저널리스트다. 록펠러와 타벨의 대결은 현대판 다윗과 골리앗의 싸움을 방불케 한다. 탐욕의 제국에 항거한 저널리스트인 아이다 미네르바 타벨의 삶은 '진실이 세상을 좀 더 나은 곳으로 바꾸는 도구가 될 수 있다'는 교훈을 일깨워준다.

# 한낮의 태양,
# 밤의 적막함,
# 외로움과 동행하며
## 사막에서 꿈을 꾸다

영화 프로듀서
**김효정**

사막에서
오아시스를 찾듯이
작아도 뜻깊고,
마음을 쉬게하는 영화를
만드는 것이 꿈이에요.

## 사막의 바람을 거스르며
## 주류 영화계에 도전장을 내다

세상의 모든 창작물은 창작하는 이의 손끝에서 시작되지만, 이를 대중이 보기까지는 많은 사람의 조력이 뒷받침되어야 합니다. 문학작품이라고 해도 편집자의 안목과 세공을 거쳐 출판되고(물론 자비출판이라는 예외가 있긴 합니다) 특히 영화의 경우 시나리오 자체만으로는 어떤 결과물이 나올지 짐작만 할 수 있을 뿐입니다. 이런 의미에서 가장 대중적인 오락물이요 교양물이자 산업 내 수많은 지형도의 영향을 받는 영화란, 사실 꽤 매력적인 세공품이기도 합니다. 그중에서 프로듀서[1], 즉 영화 제작자는 영화의 처음과 끝을 책임지는 사람임에도 정작 스포트라이트는 배우와 감독의 몫이 되기 일쑤입니다. 식사 준비와 이동 등 영화 현장의 궂은

---

1    드라마 프로듀서는 연출자, 즉 감독이지만, 영화 프로듀서는 제작자다. 예산을 비롯해 제작 전반을 총괄하고, 스태프 구성, 촬영 진행, 영화 개봉과 케이블 상영 과정 조율 등이 모두 제작자의 역할이다. 프로듀서의 역할은 제작사의 수장인 경우와 프리랜서나 직원으로 고용된 경우 차이가 있을 수 있다.

사막을 가로지르는 일.
영화를 만드는 일은 끝없는
인고의 과정이다.
©RacingThePlanet

일은 제작부서가 도맡는 것이 현실이기도 하고요. 한 편의 영화를 온전히 책임질 수 있어야 비로소 '프로듀서'란 이름이 주어집니다. 큰돈을 다루는 일이지만 사재를 털었다는 무용담은 놀랍지도 않을 정도죠. 이런 영화판에서 독립 후 자신의 영화사 '꿈꾸는 오아이스'를 설립, 첫 영화를 준비하고 있는 김효정 프로듀서 역시 인고의 레이스를 펼치고 있습니다. 어려움을 무릅쓰고 한결같이 버티려면 불굴의 의지와 강철 체력이 필수적입니다. 그는 사막을 횡단하는 레이스[2]로 이를 증명해보인 바 있습니다. 장장

---

2     사막레이스는 참가자 스스로 식량과 물을 짊어지고 코스별로 250킬로미터를 완주해야 하기에 극한의 체력이 요구된다. 모로코 사하라 사막에서 시작하여 올해로 대회 30주년을 맞는 MDS(marathondessables)가 원조라 할 수 있다. 이집트 사하라사막, 중국 고비사막, 칠레 아타카마사막, 남극까지 이어지는 4개 대회는 'RacingThePlanet'이 주관한다. 자세한 내용은 www.marathondessables.com / www.racingtheplanet.com 참조.

250킬로미터에 달하는 고비 마치, 아타카마 크로싱, 사하라 레이스, 남극 레이스를 완주하여, 세계에서 여성으로는 세 번째 그랜드슬램을 달성한 레이서(그랜드 슬래머) 김효정 프로듀서를 만나 자기만의 길을 걷는 이야기를 들었습니다.

영화 프로듀서는 제작부의 책임자이기 때문에 현장 경험과 영화에 관한 지식이 필수적입니다. 영화를 공부하거나 실제 현장 제작부원으로 시작해 오랜 시간 경력을 쌓으면 책임자인 프로듀서가 될 수 있습니다. 프로듀서란 현장에서 어떤 상황이 벌어져도 대처할 수 있고 책임을 져야 하는 사람입니다.

한국 영화가 1000만 관객 동원이라는 정점을 넘어선 지 오래고 '대박' 신화를 기록하는 듯 보이지만, 사실 그 이면을 들여다보면 소리 없이 사라지는 영화가 훨씬 많습니다. 수많은 시나리오 중에 영화로 제작되는 작품의 수는 극히 적은데, 막상 촬영이 시작되더라도 '엎어지기'가 일쑤입니다. 고로 아무리 오랜 시간 일한다 한들 흥행작이나 뚜렷한 결과물이 없으면, 아무 일도 하지 않는 사람처럼 보이기 쉬운 것이 프로듀서의 애환이라고 할 수 있습니다.

영화판에서 프로듀서는 '한 편의 완성된 이야기'인 시나리오를 실제 영화로 만들고, 극장 및 2차 판권 시장(DVD와 IP-TV 등)에 유통하는 과정을 총괄하는 사람입니다. 따라서 영화를 배태하는 전 과정에 관여하고 실행하는 살림꾼이라고 할 수 있죠. 프로듀서는 연출 외 제작에 관련된 일을 도맡아 합니다. 하지만 대중은 영화 프로듀서의 이름은 잘 기억하지 못합니다. 이런 의미에서 영화 프로듀서와 제작부는 드러나지 않는 곳에서 묵묵히 궂은 일을 맡아 처리하는 사람들이라고 할 수 있습니다.

제작자나 PD들은 예산을 집행하고 캐스팅을 추진하는 등 주요한 업무를 맡습니다. 제작부원들은 연출부와 더불어 영화 촬영 장소를 섭외하기도 하고, 촬영이 시작되면 관련 장비를 빌리고 관리하는 일부터 스태프와 배우들의 식사 및 간식 준비까지 책임집니다. 촬영 현장에서 지나가는 사람을 통제하거나 난입하는 취객을 진정시키기도 하는 등 돌발 상황에 대처하는 민첩함도 요구됩니다. 촬영을 마무리한 다음에는 뒷정리도 해야 하죠. 그러니 이들에게 체력, 정신력, 친화력은 물론 말주변조차 필수조건이라고 할 수 있습니다.

제작부의 일은 육체적 강도가 높고 스트레스도 많은 편입니다. 하루 대부분을 서서 일해야 하는데다 촬영 중에 소음이라도 나면 즉시 쫓아가 아쉬운 소리를 해야 하거든요. 잘해도 티가 나진 않지만, 못하면 바로 싫은 소리를 듣기 마련이라 다른 어떤 부서보다 자존감이 필요합니다. 평소에는 알아주지도 않고 영화 크레디트에 올라갈 때라야 비로소 그 존재를 인식할 수 있는 이 일을 김효정 프로듀서는 오히려 즐겁다고 말합니다.

영화 제작 현장의 모습 　©김설우

❝남들은 늘 뒤에 있는 게 아쉽지 않으냐고 하는데, 저는 좋아서 하는 일이라서 잘 모르겠어요. 객관적으로 봤을 때 감독으로서의 능력보다는 피디로서의 능력을 갖춘 것 같아요. 단편 연출도 해봤지만 피디 역할을 주로 하게 되더라고요. 제작부 인턴으로 일을 시작했을 때 정직원인 마케터 제안을 받기도 했지만 마다했어요. 지금껏 일을 계속해온 걸 보면, 전 아무래도 사람들과 부대끼면서 일하는 걸 즐기는 현장 체질인 것 같아요. 제가 하는 일의 단점을 굳이 꼽으라면, 영상물 관련 작업이 몇 개월 뚝딱 해서 되는 일이 아니잖아요. 피디가 된 이후부터는 무에서 유를 만드는 과정이기 때문에 오랜 시간 감내하지 않으면 제대로 된 결과물을 낼 수가 없어요. 독립 후 몇 년째 영화를 준비하고 있는데도, 가족조차 제가 일을 안 하고 있는 것처럼 느끼기도 하니까요. 허송세월 하지 않으려 열심히 하고 있지만, 결과물을 내보이기까지 시간이 더 필요할 뿐이에요.❞

그는 서울 북한산 자락 아래에서 태어나 자연의 세례를 담뿍 받으며 자랐습니다. 책장에 누가 사놓았는지도 모르게 꽂힌 책들을 읽으며 문학적 소양을 쌓았다고 합니다. 관심사는 문학에서 시작해 조금씩 영화로 넓어졌고, 문예창작과를 졸업한 뒤 집안의 반대를 무릅쓰고 영화과에 재입학했습니다. 아르바이트를 하는 빠듯한 일과 중에도 매일같이 열람실에서 고전영화를 보면서 어느 틈엔가 시나리오를 쓰고 영화를 만드는 사람이 되었습니다. 그런 그에게 사막 레이스란 길고 긴 고비를 넘기 위한 맞춤 훈련이었나 봅니다. 고된 노동과 주변의 참견으로부터 떠날 수 있는 유일한 해방구였는지도 모르지요. 서울로 유학 온 삼촌, 고모들까지 11명이라는 대가족이 휴가철을 텐트 치고 보내는 일이 잦았습니다. 아버지가 워낙 산을 좋아하셨기에 짐을 짊어지고 사막을 횡단하는 레이스가 그에겐 그리 낯선 일이 아니었을 테지요.

김효정 프로듀서는 1999년 제작사에 입사해 〈행복한 장의사〉〈킬리만자로〉〈무사〉〈결혼은, 미친 짓이다〉〈싱글즈〉〈역도산〉〈호로비츠를 위하여〉 등의 영화 제작에 참여하면서 경험을 쌓아 〈트럭〉으로 프로듀서 데뷔했습니다.

그로부터 2년 뒤 2000년 모래바람을 맞으며 10개월간 영화 〈무사〉 촬영을 마치고 돌아온 그의 눈에 신한은행 박중헌 지점장이 사막 마라톤을 완주하는 모습이 들어왔다고 해요. 그로부터 3년 뒤 그는 사하라사막 마라톤 대회의 출발선에 섰습니다. 2003년 사하라사막을 시작으로 2005년 고비사막, 2006년 칠레 아타카마사막, 2007년 다시 이집트 사하라사막, 2008년 남극에 이르기까지 장장 1000킬로미터를 완주했습니다. 그런 위업을 상징하는 '그랜드 슬래머'라는 칭호는 아시아 여성으로는 최초이자 세계에서 세 번째로 따낸 타이틀입니다. 정작 놀라운 건 눈코 뜰 새 없이 일하는 사이의 짧은 휴가를 활용해 그 일을 이뤘다는 사실입니다.

끝도 없는 사막과 평지, 능선이 펼쳐지는 사막 레이스. 가려도 가려도 온통 모래투성이가 되어버린다. ©RacingThePlanet

보통 사막 레이스를 앞두고 사람들은 몇 개월간 훈련을 하고 체력을 단련하는 식으로 실전을 위한 준비 과정을 거칩니다. 하지만 김효정 프로듀서는 일의 특성상 일단 촬영이 시작되면 훈련할 시간은커녕 잠잘 시간조차 부족한 나날을 보내야 했기에, 일부러 무거운 가방을 메고 종일 서 있거나 걷는 방법으로 사막 마라톤을 대비했다고 합니다. 레이스 초반에는 남들이 뛰어서 앞질러가는 모습을 지켜봐야 했지만, 열흘간 쉬지 않고 걷다 보면 어느새 다른 사람을 앞지르는 경험을 하기도 했어요. 그래봐야 꼴찌 비슷한 기록이긴 했지만요. 하지만 사막 마라톤 완주 그 자체만으로도 엄청난 성취감과 희열을 맛본 건 분명합니다. 그건 아마도 경험해보지 않으면 도저히 알 수 없는 종류의 감정이 아닐까 짐작해봅니다.

> **❝**주체할 수 없이 몸을 내몰았을 때 느끼는 희열이 있어요. 사막 레이스는 워낙 장거리라서 속보로 걸었어요. 10시간 동안 같은 속도로 페이스를 유지하면서요. 그러다 보면 저를 앞질러 뛰어간 선수가 절뚝거리면서 걸어가고 있고, 저는 그 친구를 앞질러 먼저 결승선을 통과하기도 하는 거죠.**❞**

한낮의 태양과 밤의 적막함, 외로움과 동행하며 완주했을 때의 희열을 잊을 수 없어 끊임없이 자신을 사막으로 내몰았다는 김효

1_ 각국의 선수들이 사이좋게 피니시 라인을 통과하는 모습.  ©RacingThePlanet

2_ 해가 질 무렵, 꼴찌로 들어오는 참가자를 환영하기 위해 피니시 라인으로 향하는 레이서들. 사하라에서 만난 가장 아름다운 장면이란다.  ©김효정

3_ 남극 레이스에서 만난 펭귄. 보호 규정상 근접하지 못하게 되어 있다고.  ©RacingThePlanet

정 프로듀서. 황량한 사막을 가로지르는 극한의 고통으로 내몸 자신을 원망하며 이곳까지 온 이유를 되묻다가도 목적지에 다다르면 자신을 사랑하고 자랑스러워할 수밖에 없었다고 합니다. 큼지막하게 부푼 물집을 바늘로 터트려가며 피로골절로 조각난 발목뼈를 부여잡고 완주한 이야기[3]는 '도전정신'의 사례로 꼽을 만한 장면이지만, 정작 진짜 레이스는 사막 밖에서 기다리고 있었습니다. 사막을 제외하곤 삶의 전부였던 일을 잃었기 때문입니다. 정확히는 몸담고 있던 회사를 그만두게 된 것이었어요.

## 타는 목마름으로 찾아 헤맨 이야기들

갓 프로듀서로 데뷔한 그는 2009년에 직장을 떠나야 했습니다. 어려워진 회사 여건상 희망퇴직을 택할 수밖에 없는 상황에 처한 것이죠. 10년간 몸담았던 일터를 잃어버린 충격이 너무나 커서, 그랜드 슬램을 달성한 레이스를 통해 배운 용기마저 잠시 빛을 잃은 듯했습니다. 1년간 두문불출하며 지내기도 했고요. 그러나 일에 치이 만나지 못한 사람들을 만나고, 무엇보다 책을 쓰

---

3    더 자세한 이야기는 김효정이 지은 책 《나는 오늘도 사막을 꿈꾼다》(일리, 2010) 참조.

면서 그간의 경험을 정리할 수 있어 다행스러운 시간이었습니다. 그러는 사이 언젠가 꿈꿨던 자신의 영화사 '꿈꾸는 오아시스'를 예정보다 앞당겨 차렸습니다. 5년 동안 자신의 장편영화를 준비하면서 다큐멘터리 한 편을 촬영하고, 다른 영화의 개봉을 맡기도 하면서요. 충분히 준비한 후에 독립한다고 한들, 그때보다 더 빠르다는 보장은 없었을 거예요. 어차피 영화는 마음먹은 때에 만들어지는 것이 아니니까요.

      영화사 만든 지는 5년. 이제 마흔인데 벌써 15년 차가 됐네요. 제작부 일을 시작했을 때 바로 위 선배가 여성이었어요. 당시 현장은 지금보다 더 열악해서 남자들도 버티지 못하고 그만둘 정도였는데 살아남기 위해서 더 많이 일했어요. 남자들이 무거운 장비 들어준다고 해도 손사래를 치며 마다할 정도로요. 지금 생각하면 그럴 필요가 있었나 싶지만요. (웃음) 프리랜서로 작품 수를 채우는 이들보다 진급은 느렸지만, 영화를 만드는 모든 과정을 경험한 것이 영화사를 차리는 데는 큰 자산이 됐어요. 사막에서 오아시스를 찾듯이 작아도 뜻깊고, 마음을 쉬게 하는 영화를 만드는 것이 꿈이에요. 돈 때문에 뭔가를 한다면 차라리 다른 일을 하는 편이 나았겠죠.  

시간이 날 때 남들처럼 편히 쉴 수 있는 휴양지보다 거친 사막을 택한 것만 봐도, 김효정 프로듀서는 남들이 가지 않는 길을 택해 사서 고생하는 소수의 부류에 속하는 사람 같습니다. 사람들은 관객이 많이 드는 영화가 좋은 것 아니냐고 하지만, 마음을 움직이는 영화, 때로는 누군가에게 '인생의 영화'가 될 영화 한 편을 만드는 일도 소중합니다. 세상에서 고통받는 사람들을 향하는 그의 따뜻한 시선이 영화에 오롯이 담길 것 같습니다.

그의 첫 장편영화는 가을 즈음 본격적으로 가동되지만, 그와는 별개로 아프리카 여성들의 할례를 주제로 삼은 다큐멘터리도 준비하고 있어요. 그것이 사막 레이스 대신 그의 마음을 사로잡은 삶의 현실이었기 때문이지요. 여성 할례는 성기에서 민감한 부분을 잘라내 성적인 쾌감을 느끼지 못하게끔 하는 악습입니다. 20~30퍼센트에 달하는 아이들이 할례 후 감염과 후유증으로 목숨을 잃는다고 해요. 소말리아 유목민 출신의 모델이자 여성 할례라는 악습의 피해자이기도 했던 와리스 디리의 일대기를 그린 영화 〈데저트 플라워〉(2009)[4]는 사람들의 눈시울을 적셨어요. 아프리카 여성의 삶에 크나큰 충격을 받은 김효정 프로듀서는 남은 퇴직금을 털어 두 차례나 아프리카를 방문해 다큐멘터리를 촬영했습니다.

---

4    2009년 작, 127분, 셰리 호만 감독, 리야 케베데 주연의 극영화. 가난한 유목민의 딸로 태어나 강제 결혼을 피해 고향에서 도망쳐 영국으로 향해야 했으나 천신만고 끝에 세계적인 톱모델이 된 와리스 디리의 삶을 바탕으로 한 영화.

전통 할례를 치르고 있는 소녀들(케냐 Olenguruone)　©서민수

|1|2|
|-|-|

|3|
|-|

**1**_ NGO 교육 프로그램을 경청하는 여인들(에티오피아 Gift)  ⓒ서민수
**2**_ 2,6 할례 반대의 날(Anti-FGM Day) 거리 캠페인 중인 학생들(에티오피아 Addis ababa)  ⓒ서민수
**3**_ 할례를 피해 도망온 아이들을 보호하는 캠프에서 만난 소녀의 뒷모습(케냐 Kuria)  ⓒ서민수

❝2010년부터 2012년에 걸쳐 다섯 달 정도 다녀왔어요. 겨울 방학이 우기라서 학교를 못 가는데 그때 할례를 행하거든요. 집에서 도망친 아이들과 기숙학교에서 한 달을 지냈어요. 100명이 넘는 아이가 있었어요. 어떤 자매는 다음 해에 또 만났어요. 학교에서 지내며 밥값과 숙박비를 아낀 돈으로 아이들의 증명사진을 찍어 Anti-FGM캠프 졸업선물로 인화해서 나눠줬어요. 스태프들이 안 입는 옷을 가져가서 아이들과 함께 장터에서 판 돈으로 옥수수가루와 설탕, 빨래비누를 사다주기도 했고요. 그곳에서 매일 물을 많이 탄 짜이(밀크티의 일종)랑 마가린밥, 팥 삶은 것으로 두 끼만 먹었더니 살이 빠지더라고요. 편집이나 음악 등 후반 작업에 필요한 비용이 부족해 아직 영화를 완성하지 못했지만, 이 뜻에 동참하는 영화인들의 도움을 받으며 편집을 완성해가는 중입니다.❞

서른 즈음에 늦깎이로 영화를 시작했고, 현장 스태프로 일하기엔 나이가 찬 저로서는 나름의 판을 꾸려서라도 영화 일을 계속하고 싶습니다. 모두가 영화를 일컬어 '기다림의 예술'이라고 하지만 그건 누구에게나 공평하다는 점에서 영화라는 매체의 속성이 됩니다. 물론 당사자에게는 잔인한 인고의 시간을 요구하지만, 그 길고 짧음은 대봐야 아는 것이고요. 기회가 오기를 기다리면서 열심히 내공을 키우는 수밖에 없어요.

다시 김효정 프로듀서의 다큐 이야기로 돌아와야겠습니다. 아프리카의 아이들은 부모의 사회적 인식에 갇히게 됩니다. 아프리카 지방 소도시 사람들은 교육의 혜택을 받지 못해(같은 아프리카라도 대도시와는 형편이 다릅니다) 할례를 당연시했기에, 그곳의 아이들을 가르쳐 다른 삶을 살게 하려는 의지가 없는 것이지요. 딸들이 10대가 되어도 결혼 외에는 사회적으로 별다른 선택지가 없는 것도 문제입니다. 사막에 사는 사람들의 삶을 알지 못한 채 종종걸음으로 지나치던 사람이었던 김효정 프로듀서는, 할례라는 사회적 이슈에 대해 직접적으로 목소리를 높이기보다 자신의 시각을 담아낼 매체로 자신이 좋아하는 영화를 선택했습니다. 영화를 통해 사회적 환기를 꾀하는 작업인 셈입니다. 대부분의 독립 다큐멘터리가 정치적인 색채를 띠고 있듯이, 그가 만드는 영화에도 사회적 책임감이 담겨 있을 것 같습니다.

김효정 프로듀서는 가장 눈여겨보는 감독으로 일본의 거장, 고레에다 히로카즈[5]를 꼽았습니다. 어려운 사람들, 어떤 면에서는 약자의 이야기를 어렵지 않으면서 유쾌하게 풀어내는 감독의 면모를 눈여겨본다고 해요. 김효정 프로듀서는 현재 직접 기획한 시나리오로 제작 투자를 진행하고 있는 중입니다. 투자처를 찾는

---

**5** 1995년 《환상의 빛》으로 영화 감독 데뷔했다. 그의 신작은 발표될 때마다 국제 영화제에 초청되어 일본 국내외에서 높은 평가를 받고 있다. 주요 작품으로 영화 《아무도 모른다》《원더풀 라이프》《걸어도 걸어도》《그렇게 아버지가 된다》 등이 있다.

일과 헤드 스태프를 꾸리는 일, 그리고 주연배우를 캐스팅하는 일이 가장 어렵고도 중요한 단계죠. 마흔에 접어든 여성 프로듀서가 기획해 50대 중년의 로맨스를 그려낼 〈암스테르담〉(가제, 촬영 준비 중)을 하루 빨리 만날 수 있기를 바랍니다. 시간이 지나도 다른 수식어 없이 영화 만드는 '김효정'으로 기억되고 싶다는 이가 만들 첫 영화, 기대되지 않나요?

(인터뷰는 2013년과 2014년, 두 차례에 걸쳐 진행되었습니다.)

### 차세대 독립영화 감독 인터뷰집

## 감독, 독립영화를 말하다

남다은, 변성찬, 지승호 | 수다 | 2010

영화평론가와 전문 인터뷰어가 독립영화 감독 7인을 인터뷰한 책. 〈고갈〉의 김곡, 〈반두비〉의 신동일, 〈똥파리〉의 양익준, 〈저수지에서 건진 치타〉의 양해훈, 〈은하해방전선〉, 웹 드라마 〈썸 남썸녀〉의 윤성호, 〈무림일검의 사생활〉의 장형윤, 〈어느 날 그 길에서〉〈잡식가족의 딜레마〉의 황윤 감독 등 최근 주목받는 작품을 만들어가는 이들이, 세상 많은 사람의 고민과 비슷한 눈높이로 들려주는 이야기를 들을 수 있다.

### 흥미로운 프로듀서의 세계

## 프로듀서스(The Producers)

수잔 스트로맨 감독 | 네이던 레인, 매튜 브로데릭, 우마 서먼, 월 페렐 출연
2007년 개봉 | 12세 이상 관람가 | 133분

한때 잘나갔지만 작품마다 줄줄이 실패하는 뮤지컬 프로듀서와 소심한 회계사가 공연이 망하면 돈을 벌 수 있다며 최악의 공연을 만들기 위해 고군분투하는 이야기. 브로드웨이 뮤지컬 제작진이 합류, 공연과 흡사해 춤과 노래가 불 만한 영화. 국내에서 동명의 뮤지컬로 공연되기도 했다.

# 책을 세상에 내놓으며

첫 책이지만 처음은 아닙니다. 글이 활자화된 적이야 수없이 많았고, 제 이름이 아닌 다른 이의 이름으로 출간되기도 했지만, 오롯이 제 이름만 내놓는 건 처음이네요. 10년이 좀 넘는 시간 동안 책을 읽고 사람을 만나며 세상을 배운 결과물을 내놓는다고 생각하니 조금 두렵기도 합니다. 종이가 되어 책으로 만들어질 나무에게 미안하지 않은 글을 쓰려고 애썼지만, 그럴수록 단어 하나 없는 것도 부담이더라고요. 서점에 내놓을 요량하니 다시 조심스럽지만, 이제 제 손을 떠났으니 편한 마음으로 지켜보렵니다. 다만 펜 끝은 좀 더 벼리고 마음은 더 넉넉한 사람이 되어야겠습니다.

이 페이지까지 읽어주신 독자분들과 긴 시간 내어 이야기를 들려주신 인터뷰이 여러분께 누구보다 큰 감사를 드립니다. 블로그에 연재하기 시작한 때부터 꽤 오랜 시간 함께 해주신 생각비행 편집자님과 수고해주신 모든 분, 든든한 친구 이채, 미경 언니(그리고 학송 씨)와 효진 씨, 두 번째 영화 제작모임 멤버들, 언제나 배울 거리를 주는 영희야놀자 사람들, 좋은 영화를 만들어내리라 믿는 감독 그림, 흔쾌히 추천사를 써주신 강도현 운영위원장과 카페바인 식구들, 작업공간이자 원두 공급처인 호두커피, 루트커피, 커피가게 동경, 스몰커피, 대루커피 님들께도 감사를 전합니다. 회정 선배랑 정연 씨도 고마워요. 영화를 꿈꾸게 해준 철수야 잘 쉬고 있니. 한나와 지희 언니, 지연 씨 고마워. 언제나 믿고 기다려주시는 부모님과 힘든 시기를 보내고 있는 언니에게, 든든한 동생 사명과 국명에게 감사합니다.

창밖으론 초여름의 볕이 내리쬡니다. 세상을 자기만의 방식으로 건너가느라 고단한 여러분의 등 뒤로도 시원한 한 줄기 바람 불었으면 좋겠습니다. 아직 온전히 독립하지 못했다고 해서 너무 조급해하지는 마세요. 그건 어쩌면 제게도 평생의 과제일 테니까요. 그럼 건투를 빕니다.

# 독립, 하셨습니까

—꿈을 꾸며 자기만의 길을 낸 사람들

초판 1쇄 인쇄 | 2015년 5월 18일
초판 1쇄 발행 | 2015년 5월 26일

지은이 이은
책임편집 손성실
편집 조성우
디자인 권월화
용지 월드페이퍼
제작 (주)상지사P&B
펴낸곳 생각비행
등록일 2010년 3월 29일 | 등록번호 제2010-000092호
주소 서울시 마포구 월드컵북로 132, 402호
전화 02) 3141-0485
팩스 02) 3141-0486
이메일 ideas0419@hanmail.nct
블로그 www.ideas0419.com

ⓒ 생각비행, 2015, Printed in Korea.
ISBN 978-89-94502-37-3  03300